100

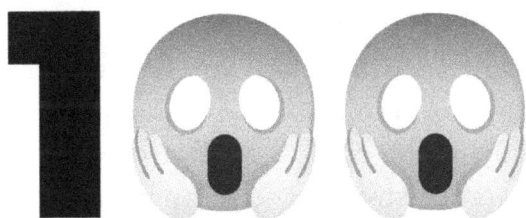

HISTOIRES HALLUCINANTES

Récits fascinants de l'étrange, du surprenant et de l'incroyable

FELIX GRAYSON

MINDSPARK
PUBLISHING

Publié par MindSpark Publishing.
Conception de la couverture : MindSpark Publishing.

CONTENTS

AVANT DE PLONGER...

Saviez-vous que **100 Histoires Hallucinantes** n'est qu'un des nombreux livres incroyables qui n'attendent qu'à être découverts ?

Et si je vous disais qu'il existe tout un univers de faits époustouflants, invraisemblables et carrément bizarres, couvrant le sport, la science, l'histoire, les mystères et bien plus encore — chacun rempli de récits qui bousculeront tout ce que vous pensiez savoir ?

VOUS ÊTES-VOUS DÉJÀ DEMANDÉ CE QUE CELA FERAIT DE...

- Assister à des exploits olympiques défiant les limites humaines ?

- Explorer des théories du complot si folles qu'elles paraissent inventées ?

- Découvrir des mystères non résolus qui laissent encore les experts perplexes ?

- Apprendre les secrets des milliardaires, des krachs boursiers et de l'argent ?

- Comprendre comment les robots, l'IA et les voyages spatiaux façonnent l'avenir ?

- Revivre les sports extrêmes, les batailles légendaires et les événements les plus choquants ?

Ce n'est que le début. La série **100 Histoires Halluci-nantes** explore tout cela — et bien plus encore.

ENVIE DE DÉCOUVRIR LA SUITE ?

Rendez-vous sur **FelixGrayson.com** et explorez la collection grandissante de livres et d'audiolivres qui vous divertiront, vous émerveilleront et vous donneront envie d'en écouter toujours plus.

La curiosité ne s'arrête pas ici — ce n'est que le commencement. Qu'est-ce qui vous épatera ensuite ?

INTRODUCTION

Bienvenue dans **100 Histoires Hallucinantes**, une collection conçue pour titiller votre curiosité et vous faire dire : « *Attendez… quoi ?* »

Entre événements historiques insolites et mystères jamais résolus, ce livre regorge de récits aussi fascinants qu'invraisemblables.

Vous êtes-vous déjà demandé ce qui pouvait provoquer une vague de mélasse dévastant une ville entière ? Ou pourquoi tout un village pouvait disparaître sans laisser la moindre trace ? Et que dire de cette guerre menée… non pas contre des hommes, mais contre des émeus ? Voilà un aperçu des histoires qui vous attendent. Chacune a été soigneusement sélectionnée pour surprendre, émerveiller et, peut-être, dérouter vos amis férus de quiz.

Que vous soyez à la recherche d'une courte parenthèse, d'une anecdote originale pour briller en société, ou simplement d'un trésor de faits étonnants, vous trouverez ici votre bonheur. Lisez ce livre d'une traite, ou bien ouvrez-le au hasard pour laisser la curiosité vous guider : il n'y a pas de bonne ou de mauvaise façon de voyager à travers ces récits étranges, surprenants et inoubliables.

Alors, préparez votre boisson préférée, installez-vous confortablement, et partez explorer quelques-unes des histoires les plus hallucinantes que le monde ait à offrir. Qui sait ? À la fin, vous aurez peut-être vous aussi de quoi raconter quelques anecdotes à couper le souffle.

Plongeons ensemble dans l'aventure !

LE MYSTÈRE DES GARDIENS DU PHARE

En décembre 1900, un mystère glaçant se déroula sur les îles Flannan, au large de l'Écosse. Trois gardiens de phare — Thomas Marshall, James Ducat et Donald McArthur — disparurent sans laisser de trace du phare d'Eilean Mòr, laissant derrière eux une énigme qui intrigue enquêteurs et conteurs depuis plus d'un siècle.

Ce phare était essentiel pour guider les navires à travers les eaux traîtresses de l'Atlantique Nord. Lorsque l'équipe de relève arriva le 26 décembre, elle fut accueillie par un silence inquiétant. Le phare fonctionnait, mais aucun gardien n'était en vue. À l'intérieur, la table était dressée pour un repas qui n'avait jamais été mangé, une chaise était renversée et l'horloge s'était arrêtée. Plus troublant encore, le journal de bord laissait entrevoir une inquiétude croissante parmi les

gardiens.

Marshall, l'assistant, avait écrit que de violentes tempêtes frappaient l'île et que Ducat restait étrangement silencieux, tandis que McArthur — un marin aguerri — aurait été vu en train de pleurer. Pourtant, aucune tempête n'avait été enregistrée dans la région à ces dates. La dernière entrée, datée du 15 décembre, disait mystérieusement : « *La tempête est finie, la mer est calme. Dieu est au-dessus de tout.* »

L'enquête ne révéla aucun signe de crime. Les théories allaient d'une vague scélérate emportant les hommes à un enlèvement extraterrestre, en passant par une folie meurtrière. Mais aucune preuve définitive n'a jamais été retrouvée.

À ce jour, la disparition des gardiens du phare des îles Flannan demeure l'un des mystères maritimes les plus tenaces, nous laissant nous interroger sur ce qui est réellement arrivé à ces hommes disparus dans le néant.

LA GRANDE GUERRE DES ÉMEUS : UNE BATAILLE AUSTRALIENNE

En 1932, l'Australie mena une guerre contre un adversaire inattendu : les émeus. Ces grands oiseaux incapables de voler, natifs du pays, ravageaient les terres agricoles d'Australie-Occidentale. Après un boom de population, des milliers d'émeus migrèrent vers la région, piétinant les cultures et exaspérant des fermiers déjà éprouvés par la Grande Dépression.

Le gouvernement réagit en déployant des soldats armés de mitrailleuses pour combattre ces envahisseurs à plumes. Dirigée par le major G.P.W. Meredith, la campagne semblait promise à la victoire. Pourtant, les émeus se révélèrent étonnamment agiles et résistants. Ils esquivaient les balles avec une rapidité déconcertante, et leurs déplacements dispersés rendaient

toute visée difficile. Malgré plusieurs tentatives, l'armée ne parvint à abattre qu'environ 1 000 émeus — à peine une égratignure dans la population.

Les journaux tournèrent l'opération en dérision, la surnommant « La Grande Guerre des Émeus » et proclamant les oiseaux vainqueurs. Frustré, le gouvernement finit par retirer l'armée, laissant les fermiers se débrouiller seuls. Cette opération ratée mit en lumière l'adaptabilité des émeus et les limites de l'ingéniosité humaine face à la nature.

Aujourd'hui, la Grande Guerre des Émeus reste dans les mémoires comme un chapitre à la fois étrange et humoristique de l'histoire australienne — une histoire d'homme contre oiseau… où les oiseaux sortirent triomphants.

PTOLÉMÉE ET LA CARTE QUI FAÇONNA LE MONDE

Au IIᵉ siècle après J.-C., l'astronome et géographe grec Claude Ptolémée créa une carte qui allait influencer la compréhension humaine du monde pendant plus d'un millénaire. La carte de Ptolémée n'était pas parfaite — elle omettait des continents entiers, comme les Amériques et l'Australie — mais elle introduisait des concepts révolutionnaires tels que la latitude, la longitude et l'idée d'une Terre sphérique.

Alors que des civilisations antérieures comme les Babyloniens et les Égyptiens utilisaient des cartes rudimentaires pour la navigation locale, la carte de Ptolémée offrait une vision plus globale et complète. Elle combinait des observations scientifiques avec des récits de commerçants et d'explorateurs, aboutissant à une tentative ambitieuse de représenter le monde

connu. La carte évoquait même l'existence de *terra incognita* — des « terres inconnues » — qui allaient alimenter l'imagination des futurs explorateurs.

Les idées de Ptolémée furent redécouvertes à la Renaissance, époque de renouveau scientifique et d'essor des explorations. Son œuvre devint la base des avancées en navigation, inspirant des figures comme Christophe Colomb. Cependant, Ptolémée commit aussi des erreurs qui perdurèrent pendant des siècles — sa carte sous-estimait largement la taille de la Terre, amenant des explorateurs comme Colomb à croire que l'Asie était bien plus proche qu'en réalité.

Malgré ses défauts, la carte de Ptolémée fut une réalisation révolutionnaire. Elle fit le lien entre le savoir antique et la science moderne, rappelant le désir éternel de l'humanité de comprendre et d'explorer le monde.

LA PESTE DANSANTE DE 1518

Au cours de l'été étouffant de 1518, les habitants de Strasbourg, en France, furent frappés par un phénomène aussi étrange que mortel : des personnes se mirent à danser de façon incontrôlable dans les rues. Ce qui commença par les mouvements frénétiques d'une seule femme s'étendit rapidement à des dizaines, puis à des centaines d'habitants, tous incapables d'arrêter leur danse effrénée.

Des témoins racontèrent des scènes d'épuisement et de désespoir, certains danseurs s'effondrant de fatigue ou mourant d'une crise cardiaque ou d'un accident vasculaire cérébral. Les autorités locales, désespérées, consultèrent des médecins, qui attribuèrent l'épidémie à un excès de « sang chaud », selon la théorie médicale de l'époque. Leur remède, pour le moins inhabituel ? Faire danser encore plus les

malades. On érigea des estrades, on engagea des musiciens et l'on encouragea les victimes à « danser jusqu'à guérison ».

Mais loin de mettre fin à la crise, ces mesures ne firent qu'attiser la folie. La danse se poursuivit pendant des semaines, laissant derrière elle un cortège de stupeur et de tragédie.

Les historiens et scientifiques modernes ont proposé diverses hypothèses sur la cause de cette « peste dansante ». Certains évoquent une hystérie collective, déclenchée par le stress et les superstitions, tandis que d'autres pointent l'ergotisme — une intoxication provoquée par l'ingestion de seigle moisi pouvant entraîner hallucinations et convulsions. Pourtant, aucune théorie n'explique pleinement pourquoi le phénomène s'est propagé si largement et a touché autant de personnes.

La peste dansante de 1518 reste l'un des mystères médicaux les plus étranges de l'histoire. Était-ce une maladie physique, une réaction psychologique ou tout autre chose ? Nous ne le saurons peut-être jamais, mais ce récit demeure un rappel glaçant des profondeurs mystérieuses de l'esprit humain — et des étranges façons dont l'histoire mène sa propre danse.

LE MYSTÈRE DE LA TUNGUSKA : LA GRANDE EXPLOSION DE SIBÉRIE

Le matin du 30 juin 1908, une région isolée de Sibérie, près de la rivière Tunguska, fut secouée par une explosion si gigantesque qu'elle rasa 80 millions d'arbres sur 2 000 km². La déflagration équivalait à 10 à 15 mégatonnes de TNT — environ 1 000 fois la puissance de la bombe atomique larguée sur Hiroshima. Pourtant, aucun cratère d'impact ne fut jamais découvert, et l'événement reste l'un des plus grands mystères scientifiques du XXe siècle.

Des témoins oculaires décrivirent une boule de feu traversant le ciel, suivie d'un fracas assourdissant et d'une onde de choc qui projeta les gens au sol à des centaines de kilomètres. Des vitres volèrent en éclats, et le sol trembla jusque dans certaines régions d'Europe. Fait curieux, malgré l'ampleur des dégâts, aucune victime humaine confirmée ne fut recensée, la zone étant très peu peuplée.

Les scientifiques écartèrent rapidement les premières théories évoquant une éruption volcanique ou un explosif d'origine humaine. L'explication la plus acceptée aujourd'hui est qu'une météorite ou une comète aurait explosé dans l'atmosphère terrestre, libérant son énergie en plein ciel dans ce que l'on appelle une « explosion aérienne ». L'absence de cratère d'impact soutient cette hypothèse, même si aucun fragment certain de l'objet n'a été retrouvé.

Au fil des années, des théories plus farfelues sont apparues, allant de l'explosion d'un vaisseau spatial extraterrestre à l'essai d'un rayon de la mort expérimental inventé par Nikola Tesla. Si ces idées ajoutent au mystère de l'événement de la Tunguska, elles restent du domaine de la pure spéculation.

Aujourd'hui encore, l'explosion de la Tunguska demeure un rappel saisissant des dangers potentiels qui rôdent dans l'espace — et une énigme fascinante qui continue de captiver scientifiques et conteurs du monde entier.

LE BATEAU FANTÔME MARY CELESTE

L e 5 décembre 1872, la goélette britannique *Dei Gratia* croisa une scène des plus étranges dans l'océan Atlantique : la *Mary Celeste*, un navire marchand américain, dérivait sans but. Ses voiles étaient hissées, sa cargaison d'alcool intacte, et aucun signe de détresse n'était visible. Pourtant, son équipage de dix personnes — dont le capitaine, son épouse et leur fille de deux ans — avait disparu sans laisser de trace.

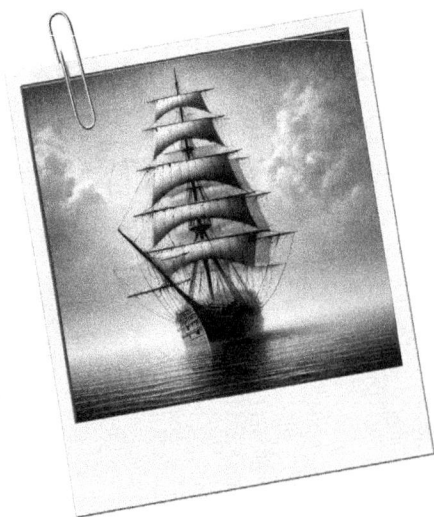

L e journal de bord ne révélait aucun problème, la dernière entrée datant du 25 novembre 1872. Le navire ne portait au-cune marque de pi-raterie ou de violence, et les effets personnels étaient intacts. Seul indice : un canot de sauvetage manquait, suggérant que l'équipage avait quitté le navire — mais pourquoi ?

Les théories abondent. Certains évoquent une explosion à bord due aux vapeurs d'alcool, poussant l'équipage à paniquer et à évacuer. D'autres avancent qu'une tempête soudaine ou un trombe marine aurait pu les effrayer au point d'abandonner le navire. Des hypothèses plus extravagantes parlent de monstres marins, d'enlèvements extraterrestres ou même d'une mutinerie. Cependant, aucune n'explique pourquoi des marins expérimentés auraient quitté un navire en bon état de naviguer.

Le mystère s'épaissit lorsque des rumeurs de malédictions et de phénomènes paranormaux commencèrent à circuler, valant à la *Mary Celeste* sa réputation de bateau fantôme. Des récits romancés, dont une histoire embellie par Arthur Conan Doyle, ne firent qu'alimenter la légende.

Malgré d'innombrables enquêtes, le sort de l'équipage de la *Mary Celeste* reste inconnu. Plus de 150 ans plus tard, la traversée silencieuse de ce navire à travers l'Atlantique continue de fasciner et d'intriguer — un récit obsédant des mystères vastes et impitoyables de la mer.

LE DERNIER COMBAT DE BARBE NOIRE

L e célèbre pirate Barbe Noire, né Edward Teach, régna sur les mers au début du XVIIIe siècle, durant l'âge d'or de la piraterie. Avec son apparence terrifiante — une épaisse barbe noire et des mèches allumées dans son chapeau pour créer une inquiétante aura de fumée — il devint l'une des figures les plus redoutées de l'histoire maritime. Mais même le plus redoutable des pirates ne pouvait échapper à la justice éternellement.

En novembre 1718, Barbe Noire trouva la mort lors d'une bataille spectaculaire au large des côtes de Caroline du Nord. Après avoir terrorisé les colonies américaines et bloqué plusieurs ports, il attira la colère du gouverneur de Virginie, Alexander Spotswood, qui envoya des forces navales britanniques pour le capturer ou le tuer. Sous le commandement du lieutenant

Robert Maynard, deux navires, le *Ranger* et le *Jane,* furent dépêchés pour affronter le pirate et son équipage.

Le navire de Barbe Noire, le *Queen Anne's Revenge,* s'était déjà échoué plus tôt dans l'année, le contraignant à utiliser un plus petit bâtiment, l'*Adventure.* Maynard le rattrapa près de l'île d'Ocracoke. Bien qu'en infériorité numérique, Barbe Noire ne se rendit pas sans combattre. Lui et ses hommes livrèrent une bataille acharnée contre les Britanniques, et la légende raconte que Barbe Noire fut touché par cinq balles et poignardé plus de vingt fois avant de succomber.

Après la bataille, Maynard fit exposer la tête tranchée de Barbe Noire à la proue de son navire, en guise d'avertissement pour les autres pirates. Ce macabre trophée marqua la fin de l'un des plus célèbres forbans de l'histoire.

La mort de Barbe Noire annonça le déclin de l'ère de la piraterie, mais sa légende perdure, immortalisée dans les récits de trésors enfouis, d'apparitions fantomatiques et d'exploits plus grands que nature. Aujourd'hui encore, le nom de Barbe Noire évoque des images d'aventures audacieuses et de la liberté sauvage des hautes mers.

L'HOMME QUI VENDIT LA TOUR EIFFEL... DEUX FOIS

Victor Lustig, un nom synonyme d'escroqueries audacieuses, réussit l'un des coups les plus effrontés de l'histoire — et ce, non pas une, mais deux fois — en « vendant » la tour Eiffel. Né en 1890 en Autriche-Hongrie, Lustig était un maître de la tromperie, parlant couramment plusieurs langues et expert dans l'art d'exploiter la cupidité d'autrui.

En 1925, Lustig lut un article de journal sur les coûts élevés d'entretien de la tour Eiffel, ce qui inspira son stratagème le plus célèbre. Se faisant passer pour un fonctionnaire du gouvernement, il invita des marchands de ferraille dans un hôtel parisien luxueux, sous prétexte que la ville prévoyait de démonter la tour. Il présenta de faux documents et insista sur la nécessité du secret pour éviter un tollé public. Sa mise

en scène fut si convaincante qu'un marchand, André Poisson, lui remit une grosse somme pour conclure « l'affaire ». Lustig s'enfuit en Autriche avec l'argent avant que l'escroquerie ne soit découverte.

Incroyablement, Lustig retourna à Paris quelques mois plus tard et répéta l'arnaque avec un autre groupe de marchands. Cette fois, toutefois, sa cible devint méfiante et contacta la police, obligeant Lustig à fuir avant que la transaction ne soit finalisée.

Lustig ne s'arrêta pas là. Il s'installa ensuite aux États-Unis, où il escroqua des millions grâce à de faux bons au porteur et alla même jusqu'à soutirer 5 000 dollars au célèbre gangster Al Capone — pour ensuite lui rendre l'argent, gagnant ainsi sa confiance pour de futures arnaques.

Victor Lustig fut finalement arrêté en 1935 et passa le reste de sa vie à Alcatraz. Pourtant, sa « vente » de la tour Eiffel demeure l'une des plus grandes escroqueries de tous les temps, prouvant que la confiance et la ruse peuvent parfois l'emporter sur le bon sens.

LA GRANDE INONDATION DE MÉLASSE DE 1919

P ar un après-midi glacial de janvier 1919, le quartier de North End, à Boston, fut plongé dans le chaos lorsqu'une immense vague de mélasse déferla dans ses rues. Un gigantesque réservoir appartenant à la Purity Distilling Company venait d'exploser, libérant plus de 7,5 millions de litres de sirop brun et collant à une vitesse pouvant atteindre 56 km/h.

La vague, haute de près de 8 mètres à son apogée, détruisit des bâtiments, renversa des véhicules et emporta tout sur son passage. Tragiquement, 21 personnes perdirent la vie et plus de 150 furent blessées. Les chevaux, incapables d'échapper à l'inondation visqueuse, restèrent prisonniers et périrent, tandis que l'odeur de mélasse persista dans la ville pendant des mois.

Le réservoir présentait pourtant des signes de faiblesse bien avant la catastrophe : des ouvriers avaient signalé des fuites et d'étranges gémissements métalliques. Mais l'entreprise ignora ces avertissements, allant jusqu'à peindre le réservoir en brun pour masquer les fuites et balayer les inquiétudes des habitants.

Les suites de la tragédie donnèrent lieu à une longue bataille judiciaire, les victimes et leurs familles poursuivant la société en justice. L'enquête révéla que le réservoir avait été construit à la hâte avec des matériaux de mauvaise qualité. La Purity Distilling fut finalement jugée responsable, et l'affaire établit un précédent en matière de responsabilité des entreprises, entraînant des réglementations plus strictes pour les structures industrielles.

La grande inondation de mélasse demeure un rappel aussi étrange que tragique des conséquences de la négligence. Encore aujourd'hui, les habitants de Boston l'appellent avec un humour noir « *The Boston Molassacre* » — un nom marquant pour l'une des tragédies les plus insolites de la ville.

LA MALÉDICTION DU DIAMANT HOPE

L e diamant Hope, un splendide joyau bleu de 45,52 carats, est l'un des bijoux les plus célèbres au monde — mais il est aussi entouré de récits de malheur et de tragédie. Au fil des siècles, ses propriétaires ont connu des morts mystérieuses, des ruines financières et des disgrâces publiques, amenant beaucoup à croire qu'il serait maudit.

L'histoire commence au XVIIᵉ siècle, lorsque le marchand français Jean-Baptiste Tavernier acquit le diamant en Inde. Selon la légende, la pierre aurait été volée sur une statue sacrée d'une déesse hindoue, déclenchant une malédiction sur quiconque la posséderait. Tavernier mourut plus tard dans la pauvreté, et son corps aurait été dévoré par des loups — une fin macabre qui renforça le mythe de la malédiction.

Le diamant passa ensuite entre les mains du roi Louis XIV de France, qui le fit tailler et le rebaptisa « Bleu de France ». Il entra dans le trésor royal, mais sa présence n'empêcha pas les drames : Louis XVI et Marie-Antoinette, qui portèrent le diamant, furent exécutés lors de la Révolution française. La pierre disparut durant ces bouleversements, pour réapparaître des années plus tard à Londres, taillée dans sa forme actuelle.

Au XXᵉ siècle, le joyau passa entre les mains de plusieurs riches propriétaires, tous frappés par des épreuves. L'héritière mondaine Evelyn Walsh McLean, qui acheta le diamant en 1911, subit une série de tragédies personnelles, dont la perte de son fils et de sa fille, ainsi que l'effondrement financier de sa famille.

Aujourd'hui, le diamant Hope repose en sécurité au Smithsonian Institution, où des millions de visiteurs viennent admirer sa beauté. Que la malédiction soit réelle ou qu'il ne s'agisse que d'une série de coïncidences tragiques, la légende assure à cette pierre une histoire aussi fascinante que l'éclat qui la fait briller.

LA LÉGENDE DES ENFANTS VERTS DE WOOLPIT

A u XIIe siècle, en Angleterre, une étrange histoire émergea du petit village de Woolpit, dans le Suffolk, et continue encore aujourd'hui de dérouter historiens et folkloristes. Deux enfants — un garçon et une fille — furent découverts près d'un piège à loups. Ils portaient des vêtements inhabituels, parlaient une langue inconnue et, plus surprenant encore, leur peau était verte.

Les villageois recueillirent les enfants, mais ceux-ci refusèrent d'abord toute nourriture, à l'exception de fèves crues. Avec le temps, leur alimentation s'élargit et leur teinte verte s'estompa peu à peu. En apprenant l'anglais, ils racontèrent une histoire qui ne fit qu'accentuer le mystère : ils disaient venir d'un endroit appelé *Terre de Saint Martin*, un lieu baigné d'un crépuscule éternel, où tous avaient la peau verte.

Ils expliquèrent qu'ils gardaient le bétail de leur famille lorsqu'ils entendirent un son étrange, puis se retrouvèrent soudainement à Woolpit.

Malheureusement, le garçon tomba malade et mourut peu après leur découverte, mais la fille survécut, s'intégra à la communauté et se maria. Elle ne donna jamais plus de détails sur leurs origines, laissant les habitants — et plus tard les historiens — à leurs suppositions.

Certains chercheurs pensent que les enfants auraient pu être de jeunes orphelins flamands déplacés par la guerre, leur apparence étrange étant peut-être due à la malnutrition. D'autres estiment que l'histoire puise dans le folklore médiéval, véhiculant des thèmes liés à l'au-delà ou à la transformation spirituelle. Et bien sûr, certains y voient la preuve de l'existence d'êtres extraterrestres ou venus d'autres dimensions.

Quelle que soit la vérité, la légende des enfants verts de Woolpit perdure comme l'un des récits les plus fascinants et énigmatiques d'Angleterre, nous laissant cette question : n'étaient-ils que de simples enfants perdus… ou des visiteurs venus d'un autre monde ?

LE MYSTÈRE DU « MONEY PIT » DE L'ÎLE OAK

Depuis plus de deux siècles, les chasseurs de trésors sont fascinés par l'énigmatique « Money Pit » sur l'île Oak, une petite île au large de la Nouvelle-Écosse, au Canada. La légende commence en 1795, lorsqu'un jeune garçon nommé Daniel McGinnis découvre une mystérieuse dépression dans le sol. Convaincu qu'il s'agissait d'un site renfermant un trésor, il entreprit de creuser avec ses amis, découvrant tous les trois mètres environ des couches de planches de bois — preuve évidente que le puits avait été construit par la main de l'homme.

À mesure que la nouvelle se répandait, des chasseurs de trésors professionnels rejoignirent la quête. Au fil des décennies, des indices intrigants furent mis au jour : des pierres gravées, d'étranges artefacts et des signes de pièges conçus pour inonder

le puits. Une pierre gravée aurait même porté cette inscription : « *Quarante pieds plus bas, deux millions de livres
sont enterrés.* » Pourtant, malgré d'innombrables tentatives,
aucun trésor n'a jamais été retrouvé de façon concluante.

Les théories sur ce qui pourrait se trouver au fond du
Money Pit vont du trésor de pirates — comme celui du
capitaine Kidd — à des reliques religieuses perdues telles
que l'Arche d'Alliance, en passant par des manuscrits attribués à Shakespeare. Certains pensent que le puits aurait
été construit par les Templiers pour protéger leurs secrets,
tandis que les sceptiques affirment qu'il ne s'agirait que
d'un simple gouffre naturel.

La recherche n'a pas été sans danger : au moins six
personnes ont trouvé la mort en poursuivant ce trésor,
alimentant une superstition locale selon laquelle le puits
ne révélera ses secrets qu'après la perte de sept vies.

Aujourd'hui, l'île Oak reste un lieu incontournable
pour les chasseurs de trésors et les curieux. Qu'il s'agisse
d'un véritable coffre aux merveilles ou d'un canular élaboré,
son pouvoir de fascination réside dans son mystère — une
énigme enfouie au cœur même de l'histoire.

LE COL DYATLOV : UN GLAÇANT MYSTÈRE RUSSE

En janvier 1959, neuf randonneurs expérimentés entreprirent une expédition dans les montagnes de l'Oural, en Union soviétique. Dirigé par Igor Dyatlov, le groupe était bien préparé pour affronter des conditions extrêmes. Mais dans la nuit du 1er février, quelque chose tourna terriblement mal. Quelques jours plus tard, les secours retrouvèrent leur campement dans un état chaotique : la tente avait été lacérée de l'intérieur, et les corps des randonneurs étaient éparpillés dans la neige, dans des circonstances étranges.

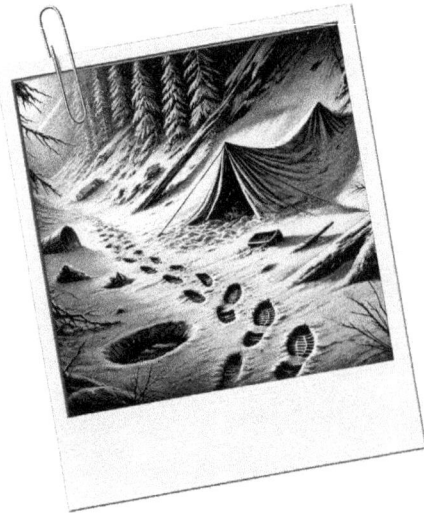

Certains furent retrouvés pieds nus et légèrement vêtus, comme s'ils avaient fui dans la panique. D'autres présentaient des blessures graves — l'un avait le crâne fracturé, deux autres des côtes broyées à un point comparable à un accident de voiture

— mais sans aucune plaie externe. Plus troublant encore, le corps d'une victime portait des traces de radiation et sa peau semblait anormalement bronzée.

Les théories sur ce drame se sont multipliées. Certains évoquent une avalanche qui aurait forcé le groupe à découper la tente pour s'échapper, mais aucune preuve d'avalanche n'a été trouvée sur place. D'autres parlent d'« infrasons », un phénomène rare capable de provoquer panique et désorientation. Les hypothèses plus sensationnelles incluent des expériences militaires secrètes, une rencontre avec un yéti ou même un enlèvement extraterrestre.

En 2019, les autorités russes rouvrirent l'enquête et conclurent à une « coulée de neige en plaque », un effondrement soudain du manteau neigeux. Mais cette explication ne convainquit pas tout le monde, car elle ne rendait pas compte de la radiation ni de certaines blessures mystérieuses.

L'affaire du col Dyatlov demeure une énigme non résolue qui fascine le monde entier — un rappel glaçant de la puissance de la nature… et des mystères qu'elle garde encore jalousement.

L'HOMME QUI VÉCUT SANS BATTEMENT DE CŒUR

En 2011, Craig Lewis, un Texan de 55 ans, devint la première personne de l'histoire à vivre sans pouls. Atteint d'amyloïdose, une maladie rare où des protéines anormales s'accumulent dans les organes, son cœur déclinait rapidement. Les traitements traditionnels, y compris la greffe cardiaque, n'étaient pas envisageables. Face à une mort imminente, ses médecins lui proposèrent une solution radicale : remplacer son cœur par un dispositif capable de faire circuler le sang… sans créer de battement cardiaque.

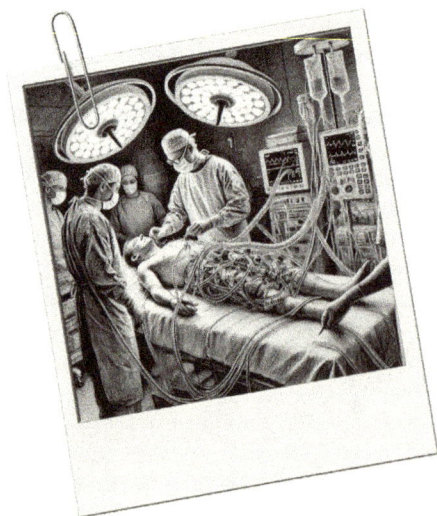

Les docteurs Billy Cohn et Bud Frazier, du Texas Heart Institute, conçurent un appareil révolutionnaire utilisant la technologie du flux continu pour pomper le sang dans tout le corps. Contrairement aux cœurs artificiels classiques, il ne reproduisait pas le rythme d'un battement, mais maintenait un débit sanguin constant.

Lors d'une opération à haut risque, le cœur de Lewis fut retiré et remplacé par cet appareil. À la fin de l'intervention, il n'avait plus de pouls. Et pourtant, de façon stupéfiante, il était vivant, conscient et capable d'échanger avec sa famille.

L'exploit suscita l'étonnement général et souleva des questions philosophiques : peut-on être considéré comme vivant sans battement de cœur, symbole universel de la vie ? Dans le cas de Lewis, la réponse fut un « oui » indéniable.

Bien que Craig Lewis soit décédé cinq semaines plus tard à cause de complications liées à sa maladie, son histoire marqua une étape majeure dans l'histoire médicale. Le succès de ce dispositif ouvrit de nouvelles perspectives pour le traitement de l'insuffisance cardiaque et redéfinit notre vision de ce que signifie vivre.

L'héritage de Craig Lewis perdure comme un témoignage de l'ingéniosité humaine, du courage et du pouvoir de l'innovation médicale à repousser les limites de notre compréhension de la vie.

LE MONT TAMBORA : L'ÉRUPTION QUI ÉBRANLA L'HISTOIRE

En avril 1815, le mont Tambora, un volcan situé sur l'île indonésienne de Sumbawa, entra en éruption avec une telle violence qu'il devint la plus grande éruption volcanique de l'histoire enregistrée. L'explosion fut si puissante qu'elle fut entendue à plus de 2 000 kilomètres, et le panache de cendres atteignit une hauteur vertigineuse de 45 kilomètres. L'éruption projeta environ 150 kilomètres cubes de matériaux, ensevelissant des villages entiers et causant la mort de dizaines de milliers de personnes.

Si les destructions immédiates furent catastrophiques, les effets à long terme furent encore plus dévastateurs. Les cendres et les particules de dioxyde de soufre propulsées dans l'atmosphère bloquèrent la lumière du soleil et perturbèrent le climat mondial. L'année 1816 devint célèbre sous le nom d'« Année sans été ». Les températures chutèrent, les récoltes échouèrent et la famine se propagea en Europe, en Asie et en Amérique du Nord. On estime que plus de 100 000 décès supplémentaires dans le monde furent causés par les pénuries alimentaires et les épidémies qui en résultèrent.

Ce climat étrange inspira des jalons culturels et scientifiques. En Suisse, Mary Shelley et ses compagnons, confinés à l'intérieur par le froid et la pluie incessants, écrivirent des récits fantastiques. Shelley donna naissance à *Frankenstein*, un roman issu de l'atmosphère inquiétante qui suivit Tambora. Parallèlement, l'obscurcissement des cieux stimula les avancées dans l'étude de la météorologie et de l'activité volcanique.

L'éruption du mont Tambora demeure un rappel saisissant de la puissance colossale de la nature à façonner l'histoire humaine. Son impact alla bien au-delà de l'explosion elle-même, influençant les vies, l'art et la science d'une manière qui résonne encore aujourd'hui.

LE VERRE INCASSABLE DES GOUTTES DU PRINCE RUPERT

A u XVIIe siècle, une invention en verre apparemment magique captura l'attention du monde scientifique : les gouttes du prince Rupert. Ces objets en forme de larme, créés en laissant tomber du verre en fusion dans de l'eau froide, présentaient un paradoxe fascinant — leur extrémité bulbeuse était pratiquement incassable, mais leur fine queue pouvait, au moindre choc, les faire éclater en une explosion de fragments.

Baptisées d'après le prince Rupert du Rhin, qui les introduisit en Angleterre, ces gouttes devinrent une source de curiosité et d'expérimentation. Leurs propriétés uniques déconcertèrent les scientifiques pendant des siècles. La tête arrondie pouvait résister à des coups de marteau, tandis qu'une simple entaille à la queue suffisait à désintégrer instanta-

nément la goutte en fine poudre.

Le secret réside dans le processus de refroidissement rapide. Lorsqu'on plonge le verre en fusion dans l'eau, l'extérieur refroidit et se solidifie presque instantanément, tandis que l'intérieur se contracte plus lentement. Cela crée d'énormes contraintes de compression à la surface et des contraintes de traction à l'intérieur. L'équilibre de ces forces rend la tête incroyablement solide, mais laisse la queue extrêmement fragile.

Les gouttes du prince Rupert devinrent un outil précoce pour étudier la résistance des matériaux et la répartition des contraintes. Leur nature explosive en fit aussi un tour favori des démonstrations, amusant aussi bien les rois que les savants par leur éclatement spectaculaire.

Aujourd'hui, elles restent un classique des démonstrations de physique, illustrant le lien entre science des matériaux et curiosité. Les gouttes du prince Rupert rappellent que même les expériences les plus simples peuvent révéler des complexités étonnantes dans le monde qui nous entoure.

LE STANLEY HOTEL : LA HANTISE QUI NE L'A JAMAIS QUITTÉ

Blotti dans les montagnes d'Estes Park, au Colorado, le Stanley Hotel est un refuge pittoresque offrant des vues spectaculaires et un charme historique. Mais derrière sa façade élégante se cache une réputation qui en fait l'un des lieux les plus hantés des États-Unis.

Construit en 1909 par l'inventeur Freelan Oscar Stanley, qui cherchait à soigner sa tuberculose dans l'air pur des montagnes, l'hôtel ne gagna pas sa notoriété pour son luxe... mais pour ses résidents spectraux. Depuis des décennies, clients et employés rapportent des phénomènes étranges : bruits de pas fantomatiques, rires désincarnés et objets se déplaçant d'eux-mêmes.

L'un des endroits les plus actifs est la chambre 217, où la

gouvernante Elizabeth Wilson fut blessée lors d'une explosion de gaz en 1911. Elle survécut et, dit-on, resta fidèle à son poste… même après sa mort. Des clients affirment avoir vu son fantôme ranger la chambre ou déballer leurs vêtements.

La réputation hantée du Stanley Hotel prit une dimension légendaire lorsque l'écrivain Stephen King y séjourna en 1974. Durant sa visite, il fit des rêves saisissants et ressentit un profond malaise, ce qui inspira son célèbre roman d'horreur *The Shining*. Bien que l'hôtel n'ait pas servi de décor pour l'adaptation cinématographique, il reste intimement lié à l'histoire et assume pleinement sa réputation, proposant des visites fantômes et des enquêtes paranormales.

Que l'on soit sceptique ou convaincu, le Stanley Hotel continue de captiver par son aura mystérieuse. C'est un lieu où l'histoire et le surnaturel se croisent, vous invitant à y séjourner… mais peut-être pas à en repartir.

LE MIRACLE DE LA FORÊT DANSANTE

A u cœur de la région russe de Kaliningrad se trouve une énigme naturelle connue sous le nom de Forêt Dansante. Cette étrange forêt, située dans le parc national de la flèche de Courlande, est célèbre pour ses pins aux formes inhabituelles. Au lieu de pousser droits et élancés, ces arbres se tordent, s'enroulent et se courbent en boucles, comme une danse irréelle figée dans le temps.

Plantés dans les années 1960 dans le cadre d'un projet de reboisement, ces arbres à la croissance atypique intriguent les scientifiques et nourrissent les légendes locales. Certains pensent que la forêt est enchantée, attribuant les contorsions des troncs à des flux d'énergie mystiques ou à des forces surnaturelles. D'autres y voient un lieu spirituel, où les visiteurs peuvent se ressourcer ou formuler un vœu en passant

à travers les boucles.

Les explications scientifiques, toutefois, se veulent plus terre-à-terre. Une théorie avance que de forts vents combinés à un sol sablonneux instable auraient influencé la croissance des arbres. Une autre suppose qu'un type particulier de chenille aurait endommagé les jeunes pousses, les forçant à pousser dans des directions inhabituelles. Pourtant, aucune de ces hypothèses n'a été confirmée, laissant planer le mystère sur la Forêt Dansante.

Le site est aujourd'hui une destination prisée des touristes et des photographes, fascinés par cette beauté hors du commun. En se promenant parmi les troncs torsadés, il est facile de ressentir un émerveillement profond face aux forces — naturelles ou non — qui ont façonné ce paysage captivant.

Qu'elle soit le fruit de la nature, du hasard ou de la légende, la Forêt Dansante demeure un témoignage des mystères étranges et persistants du monde, nous invitant à explorer ses secrets, un sentier sinueux à la fois.

LE MYSTÈRE DES PIERRES MOUVANTES

Au cœur de la Vallée de la Mort, en Californie, se trouve Racetrack Playa, un lac asséché et désolé, entouré de montagnes escarpées. C'est ici qu'un des phénomènes les plus étranges de la nature se produit : des rochers, parfois lourds de plusieurs centaines de kilos, semblent se déplacer seuls à la surface plane, laissant derrière eux de longues traces sinueuses. Pendant des décennies, ces « pierres à voile » ont intrigué scientifiques et visiteurs.

Les traînées sont nettes, souvent longues de plusieurs mètres, et suivent des trajectoires apparemment aléatoires. Plus mystérieux encore : personne n'avait jamais vu les pierres en mouvement, ce qui donna naissance aux hypothèses les plus folles. Certains évoquaient des forces magnétiques ou des

vibrations souterraines, d'autres parlaient d'une intervention extraterrestre ou de phénomènes surnaturels.

En 2014, des chercheurs résolurent enfin l'énigme. Grâce à des traceurs GPS et à la photographie en accéléré, ils découvrirent qu'une combinaison d'éléments naturels en était la cause. Durant les nuits d'hiver, une fine couche d'eau recouvre le sol du lac asséché et gèle en plaques de glace. Au lever du soleil, la glace se fissure et fond partiellement, formant des panneaux flottants que de légers vents poussent. Ces plaques déplacent doucement les pierres sur la surface glissante, laissant des sillons dans la boue molle en dessous.

Si l'explication peut sembler banale, le spectacle reste extraordinaire. Les voyages lents et silencieux de ces pierres rappellent la capacité de la nature à nous surprendre et à nous intriguer par son ingéniosité.

Même avec le mystère résolu, Racetrack Playa continue d'attirer les curieux, impatients d'admirer ces rochers énigmatiques et leurs élégantes traces. Un témoignage de la beauté de l'inexpliqué — et du plaisir que l'on éprouve à percer ses secrets.

LA COLONIE DE ROANOKE : LE MYSTÈRE DE LA CITÉ PERDUE

En 1587, un groupe de colons anglais, dirigé par le gouverneur John White, arriva sur l'île de Roanoke, au large de la côte de l'actuelle Caroline du Nord, pour y établir une nouvelle colonie. Baptisée Roanoke, elle devait devenir le premier établissement permanent de l'Angleterre dans le Nouveau Monde. Mais lorsque White revint d'un voyage en Angleterre pour ravitailler la colonie, en 1590, il la trouva totalement abandonnée : les 115 habitants avaient disparu sans laisser de trace.

Le seul indice retrouvé était le mot « CROATOAN » gravé sur un poteau en bois, et les lettres « CRO » gravées sur un arbre voisin. Les maisons des colons avaient été démontées, non détruites, ce qui suggérait un départ organisé plutôt qu'une attaque violente. White interpréta ces

marques comme un signe que les colons s'étaient installés sur l'île de Croatoan (aujourd'hui Hatteras Island), mais le mauvais temps et le manque de ressources l'empêchèrent de poursuivre ses recherches.

Le mystère de la « Colonie Perdue » persiste depuis des siècles et a donné naissance à de nombreuses théories. Certains pensent que les colons se seraient intégrés à des tribus amérindiennes locales, tandis que d'autres estiment qu'ils auraient succombé à la maladie, à la famine ou à des attaques hostiles. Des hypothèses plus spéculatives évoquent des raids espagnols... ou même des forces surnaturelles.

Des fouilles archéologiques récentes ont mis au jour, sur l'île de Hatteras et sur le continent, des artéfacts qui pourraient être liés aux colons, mais aucune preuve concluante n'a été trouvée. Le sort des habitants de Roanoke demeure ainsi l'un des plus anciens et persistants mystères de l'histoire américaine.

L'histoire de Roanoke continue de fasciner, symbolisant à la fois l'espoir et les dangers des premières colonisations. Un rappel saisissant de la fragilité des entreprises humaines... et des secrets que l'histoire garde enfouis.

L'HOMME QUI SURVÉCUT À DEUX BOMBES ATOMIQUES

Tsutomu Yamaguchi, un ingénieur japonais, détient la triste et incroyable distinction d'être l'une des rares personnes à avoir survécu aux deux bombardements atomiques de la Seconde Guerre mondiale — un destin si extraordinaire qu'il en paraît presque irréel.

Le 6 août 1945, Yamaguchi se trouvait à Hiroshima pour un voyage d'affaires lorsque la première bombe atomique, *Little Boy*, explosa. Situé à environ trois kilomètres de l'épicentre, il fut projeté en l'air par le souffle, eut les tympans percés et subit de graves brûlures sur le haut du corps. Malgré ses blessures, il parvint à rejoindre un abri antiaérien et passa la nuit sur place, au milieu des ruines et de la désolation.

Le lendemain, il entreprit de rentrer chez lui, à Nagasaki, à plus de 290 kilomètres de là. Le 9 août, alors

qu'il racontait à ses collègues l'enfer d'Hiroshima, la deux-ième bombe atomique, *Fat Man*, explosa au-dessus de Nagasaki. Une fois encore, Yamaguchi se trouvait à environ trois kilomètres du point d'impact. Bien qu'il ait subi de nouvelles blessures, il survécut miraculeusement pour la deuxième fois.

Yamaguchi perdit de nombreux proches et amis dans les bombardements, et vécut avec les séquelles physiques dues à l'exposition aux radiations. Pourtant, il mena une vie pleine, s'éteignant en 2010 à l'âge de 93 ans. Dans ses dernières années, il devint un fervent défenseur du désarmement nucléaire, partageant son histoire pour promouvoir la paix et prévenir toute utilisation future d'armes atomiques.

La survie de Tsutomu Yamaguchi est un témoignage remarquable de la résilience humaine face à l'horreur indicible. Sa vie reste à la fois un rappel poignant de la puissance dévastatrice de la guerre et un appel pressant à un monde sans armes nucléaires.

LA BIBLIOTHÈQUE D'ALEXANDRIE : UN HÉRITAGE PERDU

La bibliothèque d'Alexandrie, l'un des plus célèbres centres de savoir du monde antique, est devenue un symbole de la curiosité humaine et de l'ambition intellectuelle. Construite dans la ville égyptienne d'Alexandrie sous le règne du pharaon Ptolémée II, au IIIe siècle avant notre ère, elle avait pour objectif de rassembler sous un même toit la totalité des connaissances du monde. On raconte que ses rayonnages abritaient des centaines de milliers de rouleaux, couvrant des sujets allant de l'astronomie et des mathématiques à la médecine et à la philosophie.

La bibliothèque attira des érudits venus de tout le bassin méditerranéen, parmi lesquels certaines des plus grandes figures de l'époque, comme Euclide et Archimède. Ce n'était

pas seulement un dépôt de textes, mais un véritable centre de collaboration intellectuelle, où les penseurs pouvaient débattre, étudier et repousser les limites du savoir.

Pourtant, malgré son importance, la bibliothèque d'Alexandrie est aussi célèbre pour sa destruction mystérieuse que pour ses accomplissements. Au fil des siècles, elle subit plusieurs calamités. Selon une théorie, elle aurait été partiellement incendiée lors du siège d'Alexandrie par Jules César, en 48 av. J.-C. D'autres estiment que des souverains ultérieurs, comme l'empereur Théophile, ou encore des forces musulmanes envahissantes, auraient contribué à sa disparition. Certains historiens avancent même l'idée d'un déclin progressif, ses trésors se perdant peu à peu par négligence, plutôt qu'à cause d'un seul événement catastrophique.

La perte de la bibliothèque d'Alexandrie est souvent idéalisée comme un tragique revers pour l'humanité, la destruction de textes irremplaçables représentant une disparition inestimable de connaissances. Bien que l'ampleur exacte de son contenu reste inconnue, elle demeure un symbole de la quête de savoir et de la fragilité des plus grandes réalisations humaines.

L'histoire de la bibliothèque d'Alexandrie nous rappelle l'importance de préserver le savoir pour les générations futures et le pouvoir de la curiosité intellectuelle à façonner notre monde.

LE MANUSCRIT DE VOYNICH : LA PLUS GRANDE ÉNIGME DE L'HISTOIRE

Le manuscrit de Voynich, un ouvrage de 240 pages rempli d'illustrations étranges et d'un texte indéchiffrable, intrigue savants, cryptographes et linguistes depuis plus d'un siècle. Découvert en 1912 par le libraire spécialisé Wilfrid Voynich, il daterait du début du XVe siècle, bien que ses origines restent enveloppées de mystère.

Le texte est rédigé dans une écriture inconnue, avec un vocabulaire qui ne correspond à aucune langue connue. Ses pages sont ornées de dessins curieux représentant des plantes impossibles à identifier, des cartes célestes et des femmes nues se baignant dans des réseaux de bassins interconnectés. Certaines sections rappellent des traités alchimiques ou médi-

caux, tandis que d'autres semblent aborder des concepts astronomiques ou botaniques. Malgré d'innombrables tentatives, personne n'est parvenu à en déchiffrer le sens ni la finalité.

Au fil des ans, les théories sur ses origines ont oscillé entre le plausible et le fantastique. Certains pensent qu'il s'agit d'un guide médical médiéval, tandis que d'autres y voient une mystification élaborée. Des hypothèses plus audacieuses avancent qu'il pourrait s'agir d'un texte codé renfermant un savoir secret, de l'œuvre d'un inventeur de génie ou même d'une preuve de contact extraterrestre.

Des analyses poussées, dont la datation au carbone 14, ont confirmé l'ancienneté du manuscrit, écartant l'idée d'un faux moderne. Cependant, son auteur reste inconnu, avec des noms tels que Roger Bacon, Léonard de Vinci ou même une religieuse anonyme évoqués comme possibles créateurs.

Conservé aujourd'hui à la Bibliothèque Beinecke des livres rares et manuscrits de l'université Yale, le manuscrit de Voynich continue de fasciner chercheurs et passionnés. Ses pages énigmatiques rappellent notre attrait profond pour les mystères et la séduction de l'inconnu. Qu'il s'agisse d'un véritable vestige d'un savoir perdu ou d'une énigme magistralement conçue, il conserve jalousement ses secrets.

LA MALÉDICTION DE LA TOMBE DE TOUTÂNKHAMON

Lorsque l'archéologue britannique Howard Carter découvrit, en 1922, la tombe du pharaon Toutânkhamon, le monde fut fasciné par les trésors étincelants et l'extraordinaire préservation du lieu de repos du jeune roi. Mais cette découverte fit aussi naître l'une des légendes les plus tenaces de l'histoire : la malédiction de la tombe de Toutânkhamon.

La malédiction promettait, dit-on, le malheur à quiconque oserait troubler le repos éternel du pharaon. Peu après l'ouverture de la tombe, des événements étranges et tragiques semblèrent donner crédit à ce mythe. La première victime fut Lord Carnarvon, le mécène de l'expédition, qui mourut d'une infection provoquée par une piqûre de moustique, quelques mois seulement après être entré dans la tombe.

Le jour de sa mort, une panne de courant plongea Le Caire dans l'obscurité et, selon la légende, son chien, resté en Angleterre à des milliers de kilomètres, se mit à hurler avant de mourir à l'instant même.

Au fil des années, plusieurs autres personnes associées aux fouilles connurent des fins prématurées, alimentant les rumeurs d'une malédiction surnaturelle. On évoqua des maladies soudaines, des accidents et des morts mystérieuses. La presse se fit l'écho de ces histoires avec empressement, transformant l'affaire en un phénomène mondial.

Les sceptiques, toutefois, avancent que cette malédiction n'était qu'une coïncidence amplifiée par les médias. De nombreux membres de l'équipe, dont Carter lui-même, vécurent longtemps et sans incident notable. De plus, aucun avertissement gravé ne figurait sur les murs de la tombe, et des explications scientifiques — comme l'exposition à des moisissures ou à des bactéries anciennes — ont été proposées pour expliquer certaines maladies.

Malgré ces doutes, la légende de la malédiction de Toutânkhamon reste irrésistible. Elle ajoute une aura de mystère et de danger à l'une des plus grandes découvertes archéologiques, nous rappelant l'attrait — et la crainte — que suscite l'ouverture des secrets du passé.

L'HOMME QUI TROMPA LA MORT : FRANE SELAK

rane Selak, professeur de musique croate, a hérité du surnom de « l'homme le plus chanceux… et le plus malchanceux du monde » en raison d'une série d'expériences de mort imminente défiant toutes les probabilités. Au cours de sa vie, Selak survécut à sept accidents improbables qui auraient pu lui coûter la vie, faisant de lui une légende vivante de la chance extraordinaire.

Son premier face-à-face avec la mort eut lieu en 1962, lorsqu'un train qu'il empruntait dérailla et plongea dans une rivière glacée, tuant 17 passagers. Selak réussit à

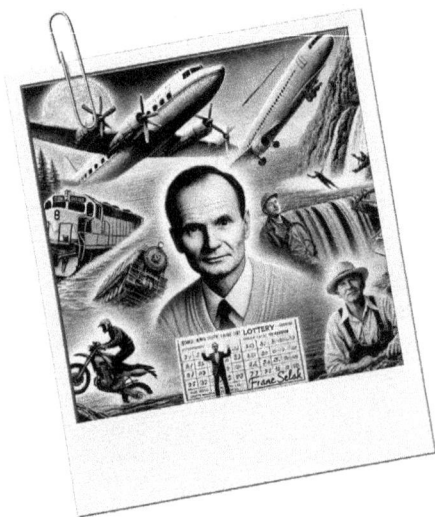

nager jusqu'à la rive, ne souffrant qu'un bras cassé. L'année suivante, lors de son premier — et unique — vol en avion, une porte défectueuse s'ouvrit en plein ciel, l'éjectant dans le vide. Par miracle, il atterrit dans une meule de foin et s'en sortit avec de légères blessures.

Au cours des décennies suivantes, Selak survécut à un accident de bus tombé dans une rivière, à plusieurs explosions de voiture et même à un choc avec un bus municipal. Dans un autre incident, sa voiture glissa sur une route de montagne ; il sauta juste avant qu'elle ne plonge dans un ravin. À chaque fois, il en ressortit vivant et presque indemne, renforçant sa réputation d'homme impossible à tuer.

En 2003, la chance de Selak prit un tournant plus joyeux lorsqu'il remporta à la loterie près d'un million de dollars. Il utilisa ses gains pour acheter une maison à sa famille et mener une vie tranquille, finissant par donner une grande partie de sa fortune, affirmant que l'argent n'était pas la clé du bonheur.

La vie de Frane Selak est un témoignage de résilience et de l'imprévisibilité du destin. Qu'on y voie de la chance, du destin ou une improbabilité pure et simple, il est difficile de ne pas s'émerveiller devant cet homme qui, à maintes reprises, sut tromper la mort.

LA STATUE QUI PLEURA DU SANG

En 1973, une petite église de la ville italienne de Civitavecchia devint le centre d'un miracle moderne — ou d'une controverse — lorsqu'une statue de la Vierge Marie aurait commencé à verser des larmes de sang. Offerte par un artiste local, la statue, modeste, se tenait discrètement dans l'église depuis des années avant que ne survienne l'étrange phénomène. Des témoins affirmèrent avoir vu de fines traînées rouges, semblables à des larmes, couler des yeux de la Vierge.

La nouvelle se répandit rapidement, attirant des pèlerins venus de loin, espérant assister au miracle de leurs propres yeux. Beaucoup y virent un signe du ciel, un appel à la repentance ou un avertissement d'un malheur imminent. Les fidèles se mirent à genoux pour prier, tandis que les scep-

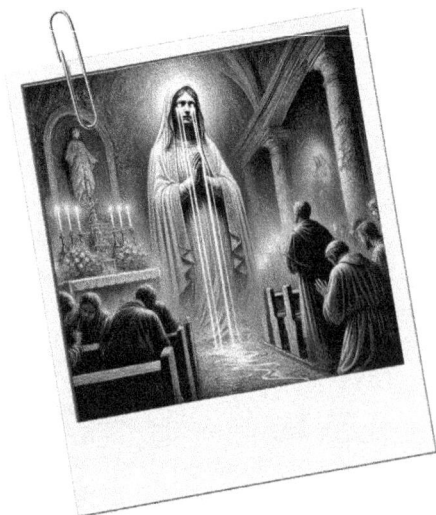

tiques soupçonnaient une mise en scène habile.

L'Église catholique ouvrit une enquête et préleva des échantillons de la substance rougeâtre. Les analyses révélèrent qu'il s'agissait de sang humain, attisant encore plus les spéculations et les débats. Toutefois, l'origine de ce sang — et la façon dont il avait pu apparaître sur la statue — demeura inexpliquée.

Au fil des années, des phénomènes similaires furent signalés ailleurs dans le monde : statues pleurant, peintures exsudant de l'huile ou de l'eau. Chaque cas divisa croyants et sceptiques, ravivant les discussions sur la foi, la science et l'inexplicable.

Aujourd'hui encore, la Vierge pleureuse de Civitavecchia reste un mystère. Miracle divin, phénomène naturel ou supercherie élaborée, la statue continue de susciter l'émerveillement et la curiosité — rappelant l'attrait intemporel de l'humanité pour les miracles et la fine frontière entre croyance et doute.

LE BOURDONNEMENT MYSTÉRIEUX ENTENDU À TRAVERS LE MONDE

Dans des villes et villages du monde entier, un étrange bruit persistant intrigue habitants et scientifiques depuis des décennies. Connu simplement sous le nom de « The Hum » (le bourdonnement), ce son de basse fréquence est souvent décrit comme un bruit sourd et continu que seules certaines personnes peuvent percevoir. Signalé dans des lieux comme Taos, au Nouveau-Mexique ; Bristol, en Angleterre ; ou encore Largs, en Écosse, il demeure sans explication claire.

Ceux qui l'entendent le comparent à un moteur diesel lointain ou à une vibration constante. Pour certains, ce n'est qu'une gêne ; pour d'autres, il provoque maux de tête, troubles du sommeil, voire détresse psychologique. Ce qui rend le phénomène encore plus mystérieux, c'est qu'aucun microphone ou appareil d'enregistrement ne semble capter ce son, laissant penser qu'il est soit extrêmement localisé, soit d'une nature différente d'un bruit ordinaire.

Au fil du temps, diverses théories ont vu le jour. Certains scientifiques évoquent des machines industrielles, le trafic routier lointain ou des phénomènes géologiques naturels. D'autres avancent l'idée de vagues électromagnétiques de basse fréquence, voire une forme rare d'acouphène. Les hypothèses plus audacieuses parlent de projets gouvernementaux secrets, d'activité d'OVNI ou même de communications extraterrestres.

Malgré de nombreuses études, aucune explication définitive n'a été trouvée. Le *Hum* semble apparaître et disparaître sans prévenir, laissant les communautés perplexes et les chercheurs déconcertés. Pour l'instant, il reste une énigme irrésolue — un rappel troublant de tout ce que nous ignorons encore sur notre monde.

Qu'il soit un phénomène naturel ou quelque chose de bien plus étrange, le *Hum* continue de fasciner et de perturber ceux qui l'entendent, un son qui résonne autant dans les oreilles que dans l'imagination.

LA LÉGENDE D'EL DORADO : LA CITÉ D'OR PERDUE

Depuis des siècles, explorateurs et aventuriers sont fascinés par la légende d'El Dorado, une cité mythique d'or cachée au cœur de l'Amérique du Sud. L'histoire trouve son origine dans des récits autochtones décrivant une cérémonie tribale des Muiscas, dans l'actuelle Colombie, où un chef se serait couvert de poussière d'or avant de plonger dans le lac Guatavita en offrande aux dieux.

Lorsque les conquistadors espagnols arrivèrent en Amérique au XVIe siècle, ils entendirent parler de cet « Homme doré » et des richesses de son peuple. Avec le temps, le récit se transforma en l'idée d'une cité entière faite d'or, dissimulée dans la jungle et attendant d'être découverte. Poussées par la soif de gloire et de richesse, de nombreuses expéditions

partirent à la recherche d'El Dorado, souvent au prix de lourds sacrifices. Des hommes comme Francisco de Orellana et Sir Walter Raleigh s'aventurèrent dans l'Amazonie, affrontant maladies, famine et terrains hostiles, mais la cité resta introuvable.

Le lac Guatavita devint l'un des points centraux de cette quête. Au XVIᵉ siècle, les colons espagnols tentèrent de le drainer, découvrant quelques artefacts en or mais pas le fabuleux trésor espéré. Des fouilles archéologiques plus récentes ont également exploré le site, mais le rêve d'une ville dorée demeure insaisissable.

Aujourd'hui, El Dorado est largement considéré comme une légende plutôt qu'un lieu réel. Pourtant, son attrait persiste, symbolisant la quête humaine sans fin pour la richesse, la gloire et l'inconnu. Qu'elle ait existé ou non, El Dorado continue d'inspirer récits, œuvres d'art et l'imagination de ceux qui rêvent de découvrir des trésors cachés.

LES PROCÈS DES SORCIÈRES DE SALEM : UN SOMBRE CHAPITRE DE L'HISTOIRE

En 1692, la petite communauté puritaine de Salem, dans le Massachusetts, fut frappée par une hystérie qui mena à l'un des épisodes les plus tristement célèbres de panique collective de l'histoire américaine : les procès des sorcières de Salem. En l'espace d'un an, plus de 200 personnes furent accusées de pratiquer la sorcellerie, et 20 furent exécutées — 19 pendues et une, Giles Corey, écrasée sous de lourdes pierres.

La panique commença en février, lorsque plusieurs

jeunes filles de Salem Village se mirent à présenter d'étranges comportements : crises, hurlements et contorsions. Le médecin local, incapable d'identifier une cause médicale, conclut à la sorcellerie. Les filles accusèrent trois femmes : Sarah Good, une mendiante ; Sarah Osborne, une femme âgée ; et Tituba, une esclave originaire des Caraïbes. Sous la pression, Tituba avoua et affirma que d'autres sorcières se cachaient dans la communauté, déclenchant une frénésie d'accusations.

Les procès furent marqués par des preuves douteuses, notamment le « témoignage spectral », dans lequel les accusateurs affirmaient voir l'esprit ou l'apparition des accusés commettre des actes de sorcellerie. La peur, le zèle religieux et les rancunes personnelles alimentèrent le chaos, poussant les voisins à se dénoncer les uns les autres dans une tentative désespérée de prouver leur innocence.

En septembre 1692, la fièvre commença à retomber alors que les doutes sur la validité des accusations grandissaient. Le gouverneur William Phips mit finalement fin aux procès, et nombre des condamnés furent plus tard réhabilités. Mais le mal était fait, laissant une tache indélébile sur l'histoire de Salem.

Les procès des sorcières de Salem restent un avertissement sur les dangers de la peur, des préjugés et de l'érosion des droits fondamentaux. Aujourd'hui, Salem attire des milliers de visiteurs désireux de comprendre ce chapitre tragique et de réfléchir aux conséquences d'une hystérie collective incontrôlée.

L'AFFAIRE ÉTRANGE DE D.B. COOPER

L e 24 novembre 1971, un vol ordinaire entre Portland et Seattle devint le théâtre de l'un des plus grands mystères non résolus de l'histoire américaine. Un homme connu uniquement sous le nom de « D.B. Cooper » détourna le vol 305 de Northwest Orient, affirmant avoir une bombe dans sa mallette. Calme et posé, Cooper remit une note à une hôtesse, réclamant 200 000 dollars en espèces, quatre parachutes et un camion-citerne prêt à ravitailler l'avion à son arrivée à Seattle.

Les autorités obtempérèrent et livrèrent la rançon ainsi que les parachutes à l'atterrissage. Cooper libéra les passagers, mais ordonna à l'équipage de redécoller, direction Mexico, à basse altitude et à vitesse réduite. Quelque part au-dessus des forêts denses de l'État de Washington, il ouvrit l'escalier arrière

de l'appareil et sauta dans la nuit, l'argent attaché à son corps.

Malgré des recherches intensives, ni Cooper ni son corps ne furent jamais retrouvés. Le FBI fouilla la région accidentée à l'aide d'hélicoptères, de bateaux et d'équipes au sol, mais la piste s'évanouit. En 1980, un jeune garçon découvrit 5 800 dollars en billets de 20, en partie décomposés, sur les rives de la rivière Columbia — des billets dont les numéros de série correspondaient à la rançon. Cette découverte souleva davantage de questions qu'elle n'apporta de réponses.

Au fil des décennies, les théories se sont multipliées. Certains pensent que Cooper est mort en sautant, tandis que d'autres sont convaincus qu'il a survécu et vécu caché. Les suspects identifiés allaient d'anciens parachutistes militaires à des criminels chevronnés, mais aucune preuve concluante n'a jamais été trouvée.

L'affaire fut officiellement classée en 2016, mais le mystère de D.B. Cooper continue de fasciner. Considéré tour à tour comme un audacieux anti-héros ou un criminel imprudent, Cooper reste au centre de l'un des braquages les plus audacieux de l'histoire — une énigme qui ne sera peut-être jamais résolue.

LE VAISSEAU FANTÔME DU HOLLANDAIS VOLANT

D epuis des siècles, les marins murmurent des histoires sur le *Hollandais volant*, un navire fantomatique condamné à errer sur les mers pour l'éternité. Souvent décrit comme une silhouette spectrale baignée d'une lueur étrange, il serait, dit-on, un funeste présage pour ceux qui le croisent — annonciateur de malheurs imminents.

La légende remonte au XVIIe siècle et à un capitaine hollandais nommé Hendrick van der Decken. Selon le folklore, alors qu'il tentait de franchir les dangereuses eaux du cap de Bonne-Espérance, son équipage le supplia de rebrousser chemin face à une violente tempête. Van der Decken ignora leurs appels et jura qu'il passerait le cap « même si cela devait prendre toute l'éternité ». Cette défiance l'aurait maudit, lui et

son navire, à voguer sans fin, sans jamais trouver de port sûr.

Au fil des ans, des marins du monde entier ont rapporté des apparitions du *Hollandais volant*, souvent dans des circonstances similaires — par temps de tempête ou de brouillard. L'une des observations les plus célèbres fut faite en 1881 par le futur roi George V, alors qu'il était aspirant à bord du HMS *Bacchante*. Lui et plusieurs membres d'équipage affirmèrent avoir vu un navire lumineux au large de l'Australie, qui disparut subitement quelques instants plus tard.

Les explications modernes évoquent des illusions d'optique, comme les mirages de type *fata morgana*, mais la légende persiste dans le folklore maritime. Le *Hollandais volant* a été immortalisé dans la littérature, l'opéra et le cinéma, consolidant sa place parmi les mystères maritimes les plus célèbres.

Qu'il s'agisse d'un récit de châtiment surnaturel ou d'un phénomène naturel mal interprété, le *Hollandais volant* continue de captiver les imaginaires — rappel puissant de l'immensité et des mystères insondables de la mer.

LE MYSTÈRE DE LA SORCIÈRE BELL

A u début du XIXᵉ siècle, la famille Bell, vivant à Adams, dans le Tennessee, devint le centre d'une des hantises les plus terrifiantes de l'histoire américaine, aujourd'hui connue sous le nom de légende de la sorcière Bell (*Bell Witch*). L'histoire commence en 1817, lorsque John Bell, fermier, et sa famille commencèrent à percevoir d'étranges phénomènes dans leur maison. Tout débuta par des bruits inhabituels : grattements, coups sourds, et bruits de chaînes raclant le sol. Rapidement, l'activité s'intensifia jusqu'à des agressions physiques, les membres de la famille étant giflés, pincés ou poussés par une force invisible.

L'entité sembla concentrer son attention sur John Bell et sa fille Betsy. Elle les tourmentait avec des voix désincarnées, des rires moqueurs et des insultes cruelles. L'esprit, bientôt surnommé la « sorcière Bell », démontrait une intelligence troublante, répondant aux questions et conversant avec les visiteurs. La rumeur se répandit, attirant des curieux, dont le futur président Andrew Jackson, qui aurait fui la maison après avoir été témoin de la colère de l'esprit.

Les motivations de la sorcière Bell restaient obscures, mais elle semblait nourrir une haine particulière envers John Bell, qu'elle appelait « Old Jack ». En 1820, après des années de tourments, John Bell mourut dans des circonstances mystérieuses. La famille trouva près de lui un flacon contenant un liquide inconnu, et l'esprit revendiqua sa mort, affirmant l'avoir empoisonné.

Après la disparition de John Bell, l'activité diminua, bien que des témoignages d'événements étranges continuèrent à surgir ponctuellement. La légende de la sorcière Bell a traversé les siècles, inspirant des livres, des films, et une véritable activité touristique à Adams, où la grotte de la sorcière Bell (*Bell Witch Cave*) reste un lieu prisé des chasseurs de fantômes.

Qu'il s'agisse d'un cas d'hystérie collective, d'une mise en scène ingénieuse ou d'un véritable phénomène surnaturel, la légende de la sorcière Bell continue de fasciner et d'effrayer, s'imposant comme un pilier du folklore paranormal américain.

LA MYSTÉRIEUSE DISPARITION D'AGATHA CHRISTIE

L e soir du 3 décembre 1926, la célèbre romancière policière Agatha Christie disparut sans laisser de trace, déclenchant une chasse à l'homme nationale et une frénésie médiatique. Pendant 11 jours, la « Reine du crime » devint l'héroïne involontaire de sa propre énigme — un mystère qui reste partiellement irrésolu à ce jour.

Sa voiture fut retrouvée abandonnée près d'une carrière de craie, dans le Surrey, en Angleterre, avec à l'intérieur son permis de conduire périmé et un manteau de fourrure. Les autorités craignirent le pire, soupçonnant un accident ou un acte criminel. Des milliers de volontaires ratissèrent la campagne, et même d'autres écrivains, dont Sir Arthur Conan Doyle, participèrent aux recherches. Doyle, notamment, apporta l'un des gants de Christie à un médium, espérant obtenir

des indices.

L'affaire prit un tournant surprenant lorsque Christie fut retrouvée vivante et saine le 14 décembre, dans un hôtel de luxe à Harrogate, dans le Yorkshire. Elle s'y était enregistrée sous un faux nom — Theresa Neele —, portant le même nom de famille que la maîtresse de son mari. Bien que reconnue par le personnel et les clients, Christie semblait ignorer l'ampleur de l'affaire provoquée par sa disparition.

Elle n'offrit jamais d'explication claire, affirmant avoir souffert d'amnésie due à un stress émotionnel. À l'époque, elle traversait une période difficile, marquée par le décès récent de sa mère et la découverte de l'infidélité de son mari. Si certains acceptèrent cette version, d'autres soupçonnèrent un acte délibéré visant à humilier son époux ou à fuir la pression de sa vie personnelle et professionnelle.

Aujourd'hui encore, la véritable raison de la disparition d'Agatha Christie alimente les spéculations et la curiosité. Qu'il s'agisse d'une réelle perte de mémoire ou d'une mise en scène soigneusement planifiée, cet épisode ajoute une couche supplémentaire de mystère à la vie de l'une des plus grandes conteuses du monde.

LE PILIER DE FER DE DELHI :
UNE MERVEILLE INOXYDABLE

A u cœur du complexe du Qutub Minar, à Delhi, en Inde, se dresse une prouesse d'ingénierie ancienne qui intrigue scientifiques et historiens depuis des siècles : le pilier de fer de Delhi. Cette colonne de plus de 7 mètres de haut, pesant environ 6 tonnes, est composée de fer presque pur et ne présente pratiquement aucune trace de rouille, malgré plus de 1 600 ans d'exposition aux intempéries.

Le pilier, que l'on pense avoir été érigé sous le règne de Chandragupta II au IVᵉ siècle de notre ère, porte une inscription en sanskrit louant les victoires militaires du roi. Sa résistance exceptionnelle à la corrosion a suscité de nombreuses recherches, les experts estimant que sa composition et ses techniques de fabrication étaient en avance sur leur temps. Le fer

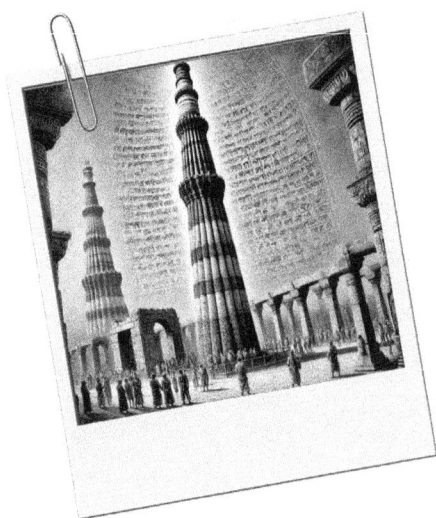

contient une forte teneur en phosphore et ne comporte ni soufre ni manganèse, ce qui permet la formation d'une couche protectrice d'oxyde passif empêchant la rouille.

Si la métallurgie moderne peut expliquer la longévité du pilier, sa réalisation demeure un témoignage éloquent du savoir-faire avancé des forgerons indiens de l'Antiquité. Façonner une colonne d'une telle taille avec des outils rudimentaires, tout en garantissant sa durabilité, exigeait un savoir exceptionnel et une précision remarquable.

Le pilier est également devenu un symbole de fierté culturelle et historique. Une légende locale raconte que quiconque parvient à l'enlacer entièrement en tournant le dos au pilier verra ses vœux exaucés — une tradition qui a laissé des traces visibles après des siècles de tentatives.

Aujourd'hui, le pilier de fer de Delhi reste à la fois un artefact historique et une curiosité scientifique, rappelant l'ingéniosité des civilisations anciennes. Silencieux mais imposant, il se dresse comme un puissant témoignage de l'innovation humaine, défiant le passage du temps.

LA FEMME QUI SURVÉCUT À UNE CHUTE DE 10 000 MÈTRES

Le 26 janvier 1972, Vesna Vulović, une hôtesse de l'air de 22 ans travaillant pour la compagnie JAT Yugoslav Airlines, entra dans l'histoire en survivant à la plus haute chute sans parachute jamais enregistrée : 10 160 mètres. Son récit est à la fois une histoire de résilience, de tragédie et de mystère.

Vulović se trouvait à bord du vol 367, reliant Stockholm à Belgrade, lorsqu'une explosion déchira le DC-9. L'avion se désintégra en plein vol, projetant débris et passagers au-dessus des montagnes enneigées de Tchécoslovaquie. Les enquêteurs conclurent plus tard qu'une bombe dissimulée dans une valise, probablement placée par des terroristes, était à l'origine de l'explosion.

Incroyablement, Vesna fut retrouvée vivante dans les débris par un villageois. Coincée dans la section arrière de l'appareil, elle avait été protégée par l'épaisseur de la forêt et l'amortissement de la neige, ce qui atténua l'impact. Elle souffrit néanmoins de graves blessures : fracture du crâne, trois vertèbres brisées, paralysie temporaire. Après des mois d'hospitalisation, de nombreuses opérations et une rééducation intensive, elle retrouva l'usage de ses jambes.

Sa survie, défiant toutes les probabilités, lui valut une place dans le *Guinness World Records*. Devenue une héroïne nationale en Yougoslavie, Vesna Vulović milita par la suite pour la paix, tout en refusant le statut de célébrité. « J'ai eu la chance de survivre, et cela me suffit », répétait-elle souvent.

Bien que certaines zones d'ombre subsistent sur les circonstances exactes du drame — alimentant diverses théories du complot —, l'histoire de Vesna Vulović demeure un témoignage saisissant de la résistance du corps et de l'esprit humains.

Sa chute incroyable continue d'inspirer l'émerveillement, rappelant qu'en dépit des probabilités les plus infimes, la survie reste possible.

LE CODEX GIGAS : LA BIBLE DU DIABLE

L e *Codex Gigas*, également surnommé la « Bible du diable », est l'un des manuscrits les plus grands et les plus mystérieux au monde. Haut de près d'un mètre et pesant plus de 75 kilos, ce livre du XIIIᵉ siècle compte 620 pages de texte en latin, comprenant l'intégralité de la Bible, des connaissances médicales, des formules magiques et une terrifiante illustration pleine page du diable.

La légende entourant le *Codex Gigas* est aussi sombre que son contenu. Selon le folklore, il aurait été rédigé par un moine en une seule nuit. Condamné à mort pour avoir rompu ses vœux monastiques, il aurait promis d'écrire un ouvrage si grandiose qu'il glorifierait son ordre et lui sauverait la vie. Réalisant l'impossibilité de sa tâche, il aurait conclu un

pacte avec le diable, lequel aurait achevé le manuscrit en échange de son âme. Le portrait inquiétant du démon, au cœur du livre, serait le témoignage de ce marché impie.

Les chercheurs modernes rejettent cette légende, estimant qu'il aurait fallu au moins 20 ans pour produire le *Codex Gigas*, compte tenu de son ampleur et de la minutie de sa calligraphie. Pourtant, le mystère demeure. L'écriture, étonnamment uniforme, laisse penser qu'une seule personne en fut l'auteur, et la réalisation d'un tel ouvrage nécessitait des matériaux coûteux, ce qui rend son origine encore plus énigmatique.

Aujourd'hui, le *Codex Gigas* est conservé à la Bibliothèque nationale de Suède, où il continue de fasciner les visiteurs par son gigantisme et sa réputation inquiétante. Qu'il soit un exploit de persévérance humaine ou un objet plongé dans le mythe, la « Bible du diable » reste un puissant rappel du pouvoir — et du danger — de l'ambition humaine.

LA MALÉDICTION DES PHARAONS

L a malédiction des pharaons est l'une des légendes les plus persistantes de l'histoire, affirmant que quiconque ose troubler une tombe égyptienne ancienne sera frappé de terribles conséquences. Bien que des récits de tombes maudites existent avant le XXe siècle, la légende prit une ampleur mondiale après la découverte de la tombe de Toutânkhamon en 1922 par l'archéologue britannique Howard Carter.

Peu après l'ouverture du tombeau, une série de morts mystérieuses alimenta les rumeurs d'une malédiction. La

victime la plus célèbre fut Lord Carnarvon, le mécène de l'expédition, qui mourut quelques mois après la découverte à la suite d'une piqûre de moustique infectée. Au moment même de sa mort, dit-on, toutes les lumières du Caire s'éteignirent, ajoutant une dimension inquiétante à l'histoire. Au fil des ans, d'autres membres de l'expédition périrent prématurément, renforçant la réputation de la malédiction.

Les scientifiques et les sceptiques avancent toutefois des explications plus rationnelles. Certains évoquent une exposition à des bactéries anciennes, des moisissures ou des gaz toxiques emprisonnés dans les tombes. D'autres y voient de simples coïncidences, soulignant que Carter lui-même, qui passa des années à travailler dans la tombe, vécut jusqu'en 1939, bien après la mort de plusieurs de ses collègues.

Malgré ces doutes, la malédiction des pharaons continue de captiver l'imagination, inspirant films, livres et même une certaine prudence parmi les archéologues modernes. Qu'il s'agisse d'une véritable force surnaturelle ou d'un produit de l'emballement médiatique, la légende rappelle l'attirance de l'humanité pour l'Égypte ancienne et les mystères qu'elle recèle encore.

La malédiction des pharaons demeure une histoire puissante, faite d'intrigues, de dangers et de l'attrait éternel des trésors antiques — une énigme éternelle, drapée d'or et d'ombre.

LA GRANDE INONDATION DE BIÈRE DE LONDRES

L e 17 octobre 1814, une journée ordinaire dans le quartier de St. Giles, à Londres, se transforma en une catastrophe des plus insolites lorsqu'une immense vague de bière déferla dans les rues. À l'origine du désastre se trouvait la Horse Shoe Brewery, où une cuve en bois de 6,7 mètres de haut, contenant plus de 600 000 litres de bière, éclata soudainement. La force de la rupture provoqua l'explosion d'autres cuves, libérant au total près de 1,5 million de litres de bière.

La marée brune envahit le quartier densément peuplé, détruisant des maisons, abattant des murs et provoquant même l'effondrement d'une partie d'une taverne voisine. Tragiquement, l'accident coûta la vie à au moins huit personnes, dont des femmes et des enfants, incapables d'échapper au

torrent.

Le drame attira rapidement une foule de curieux. Certains habitants tentèrent de récupérer la bière à l'aide de seaux et de casseroles, tandis que d'autres la burent directement dans les rues. Cette scène surréaliste mêla deuil et humour noir, et l'événement entra aussitôt dans le folklore londonien.

Une enquête révéla que la défaillance de la cuve était due à un mauvais entretien, mais aucune responsabilité ne fut officiellement retenue. La brasserie, proche de la faillite après l'incident, parvint néanmoins à se redresser et poursuivit ses activités pendant plusieurs décennies.

La grande inondation de bière de Londres demeure l'un des accidents industriels les plus insolites et tragiques de l'histoire. Elle rappelle à quel point les constructions humaines peuvent être fragiles… et comment la banalité d'un jour peut soudain basculer dans le chaos.

L'HOMME AU MASQUE DE FER

Le mystère de l'homme au masque de fer captive historiens et conteurs depuis des siècles. Ce prisonnier énigmatique, détenu dans diverses prisons françaises à la fin du XVIIe siècle, reste entouré d'intrigues. Le plus célèbre de ses lieux de captivité fut la Bastille, où il fut placé sous la garde de Bénigne Dauvergne de Saint-Mars, geôlier de confiance du roi Louis XIV.

Ce qui distingue ce prisonnier, c'est la particularité de sa détention : son visage était toujours dissimulé, supposément par un masque de velours — devenu de fer dans la légende. Le secret entourant son identité était si strict que les gardes risquaient la peine de mort s'ils en parlaient. Qui était-il, et pourquoi fallait-il cacher son visage ? Ces questions ont alimenté des théories innombrables.

Certains pensent qu'il s'agissait d'un noble déchu ou d'un officier disgracié, tan-

dis que d'autres avancent l'idée d'un proche parent de Louis XIV, peut-être un demi-frère illégitime, voire un jumeau. Cette dernière hypothèse, bien qu'infondée, inspira le célèbre roman d'Alexandre Dumas, *L'Homme au masque de fer*, intégré à la saga des *Trois Mousquetaires*.

Les archives officielles de l'époque n'apportent que peu de réponses. Le prisonnier mourut en 1703 et fut enterré sous le nom de « Marchiali », sans révéler quoi que ce soit sur ses origines. Malgré les recherches minutieuses des historiens, aucune certitude n'a jamais émergé, laissant son identité parmi les plus grandes énigmes de l'histoire française.

L'histoire de l'homme au masque de fer demeure un fascinant mélange de faits et de fiction. Qu'il ait été un pion politique, un noble injustement puni ou une victime innocente, son destin rappelle la puissance des secrets — et jusqu'où les puissants sont prêts à aller pour les préserver.

LE MIRACLE DU VOL 571 : LES SURVIVANTS DES ANDES

L e 13 octobre 1972, le vol 571 de l'Armée de l'air uruguayenne, transportant 45 passagers et membres d'équipage, s'écrasa dans la cordillère des Andes lors d'un vol affrété entre Montevideo et Santiago. Les passagers, en majorité des joueurs de rugby et leurs proches, furent confrontés à des conditions inimaginables pour tenter de survivre dans l'un des environnements les plus hostiles de la planète.

L'accident laissa 29 survivants bloqués à plus de 3 500 mètres d'altitude, dans un froid glacial, avec peu de vêtements et seulement quelques jours de vivres. Lorsque les recherches furent abandonnées après dix jours, les survivants comprirent qu'ils ne pouvaient compter que sur eux-mêmes. À court de nourriture, ils prirent une décision tragique mais

vitale : se nourrir des corps de leurs compagnons décédés, un choix dicté par le désespoir absolu.

Deux mois plus tard, une avalanche frappa leur abri de fortune, tuant huit autres personnes. Malgré ces épreuves incessantes, l'espoir demeura. Deux survivants, Nando Parrado et Roberto Canessa, entreprirent une marche héroïque de dix jours à travers les montagnes pour chercher de l'aide. Sans équipement adapté ni formation, ils franchirent un terrain impitoyable, guidés seulement par leur détermination et leur instinct de survie.

Le 20 décembre 1972, Parrado et Canessa croisèrent un berger chilien, qui alerta aussitôt les autorités. Les secours retrouvèrent rapidement les 14 survivants restants, mettant fin à 72 jours d'un calvaire hors du commun.

L'histoire du vol 571 est un récit de résilience, de courage et de la capacité extraordinaire de l'être humain à repousser ses limites face à l'adversité. Immortalisée dans des livres et des films comme *Les Survivants* (*Alive*), l'épopée des rescapés des Andes continue d'inspirer et de rappeler la force indomptable de l'esprit humain.

L'IMPOSTURE DE MARY TOFT : LA FEMME AUX LAPINS

En 1726, l'Angleterre fut secouée par l'une des plus étranges supercheries médicales de l'histoire, lorsqu'une femme nommée Mary Toft affirma pouvoir mettre au monde... des lapins. Cette pauvre servante de Godalming, dans le Surrey, fit parler d'elle après avoir prétendument expulsé plusieurs morceaux de lapins à la suite d'une fausse couche. Intrigués et déconcertés, des médecins locaux consignèrent ses dires et attirèrent l'attention de praticiens réputés.

Toft expliqua qu'un jour, alors qu'elle travaillait dans un champ pendant sa grossesse, elle avait été effrayée par un lapin et pensait que cet événement avait amené son corps à produire des « petits » lapins. Son histoire exploitait une croyance du XVIIIe siècle appelée « impressions maternelles », selon

laquelle les expériences d'une femme enceinte pouvaient influencer physiquement l'enfant à naître.

Le chirurgien personnel du roi George I, Nathaniel St. André, se déplaça pour examiner Toft. Incroyablement, il confirma ses affirmations après avoir assisté à l'« expulsion » de morceaux de lapins. La nouvelle de ces naissances miraculeuses se répandit dans toute l'Angleterre, suscitant fascination et scepticisme.

Mais la supercherie finit par s'effondrer lorsque Toft fut transférée à Londres pour être observée de plus près. Incapable de reproduire ses « naissances » sous surveillance stricte, elle finit par avouer. Aidée de complices, elle introduisait dans son corps des parties de lapins pour entretenir la ruse. Son mobile ? Gagner de l'argent et une renommée dans une époque marquée par la pauvreté et le manque d'opportunités.

Le scandale discrédita la communauté médicale, et surtout St. André, dont la réputation fut irrémédiablement ruinée. Mary Toft, quant à elle, fut brièvement emprisonnée avant d'être relâchée et sombra ensuite dans l'oubli.

L'affaire Mary Toft reste une mise en garde contre la crédulité, l'ambition et les stratagèmes utilisés pour manipuler les croyances. Un récit à la fois absurde et tragique, qui nous laisse médusés devant l'une des plus curieuses tromperies de l'histoire.

LA MORT MYSTÉRIEUSE D'EDGAR ALLAN POE

Le 3 octobre 1849, le célèbre écrivain Edgar Allan Poe fut retrouvé délirant et désorienté dans les rues de Baltimore, vêtu d'habits qui n'étaient pas les siens. Transporté au Washington College Hospital, il resta quatre jours dans un état de semi-conscience avant de s'éteindre le 7 octobre. La cause officielle de sa mort fut notée comme une « congestion cérébrale », mais aucune autopsie ne fut pratiquée, laissant ses derniers instants entourés de mystère.

Le comportement étrange de Poe dans ses derniers jours ne fit qu'accentuer l'intrigue. Il aurait appelé à plusieurs reprises un certain « Reynolds » et tenu des propos incohérents. Ses déplacements et activités dans les jours précédant sa découverte demeurent inconnus, alimentant les spéculations sur

les circonstances de son décès.

Au fil du temps, de nombreuses théories ont vu le jour. Certains avancent qu'il aurait succombé à une intoxication alcoolique, hypothèse plausible étant donné ses difficultés connues avec l'alcool. D'autres évoquent des causes plus sinistres : un meurtre, la rage, une intoxication au monoxyde de carbone ou encore une maladie cérébrale rare.

L'une des hypothèses les plus intrigantes suggère que Poe aurait été victime du *cooping*, une fraude électorale répandue au XIXe siècle. Cette pratique consistait à enlever des individus, à les droguer ou les enivrer, puis à les forcer à voter plusieurs fois sous divers déguisements — ce qui pourrait expliquer ses vêtements inhabituels.

Malgré des recherches approfondies, aucune réponse définitive n'a jamais été trouvée, et la mort de Poe reste l'un des plus grands mystères de l'histoire littéraire. Sa vie, marquée par l'ombre et la tragédie, s'acheva d'une manière aussi troublante que les récits qu'il écrivait.

Les circonstances énigmatiques de la mort d'Edgar Allan Poe n'ont fait que renforcer sa légende de maître du macabre, laissant admirateurs et historiens s'interroger encore sur le destin de l'un des plus grands écrivains américains.

LES VOYAGES DE ZHENG HE : L'EXPLORATEUR OUBLIÉ DE LA CHINE

Bien avant que Christophe Colomb ne mette le cap vers les Amériques, un amiral chinois nommé Zheng He mena certaines des expéditions navales les plus ambitieuses de l'histoire. Entre 1405 et 1433, sous la dynastie Ming, Zheng He dirigea sept grandes expéditions à travers l'océan Indien, explorant l'Asie du Sud-Est, l'Asie du Sud, le Moyen-Orient et même l'Afrique. Sa flotte, composée de centaines de navires et de dizaines de milliers d'hommes, n'avait pas d'équivalent en taille ni en sophistication.

Le navire amiral de Zheng He, appelé « bateau-trésor », était une prouesse d'ingénierie : long de plus de 120 mètres, il éclipsait les navires des explorateurs européens. Ces bâtiments transportaient des marchandises précieuses

— soie, porcelaine, épices — que Zheng He utilisait pour établir des relations commerciales et démontrer la richesse et la puissance de la Chine. Ses voyages n'étaient pas uniquement commerciaux : ils avaient aussi un objectif diplomatique, diffusant la culture et l'influence chinoises dans des contrées lointaines.

Au cours de ses pérégrinations, Zheng He visita notamment l'actuel Sri Lanka, l'Inde et le Kenya, rapportant à la cour impériale des trésors exotiques tels que des girafes et des zèbres, qui émerveillèrent l'empereur et son entourage. Pourtant, ses expéditions prirent brusquement fin dans les années 1430, lorsque le gouvernement Ming choisit de se replier vers l'intérieur et fit démanteler la flotte, effaçant presque sa mémoire.

Oubliées en Occident jusqu'à ce que les historiens modernes redécouvrent son histoire, les réalisations de Zheng He sont aujourd'hui célébrées comme pionnières dans le domaine de l'exploration maritime. Ses voyages témoignent de l'avance technologique et de l'audace navale de la Chine du XVe siècle.

Les expéditions de Zheng He nous rappellent que l'Âge des grandes découvertes ne fut pas l'apanage de l'Europe. Elles incarnent une autre ère d'échanges mondiaux et offrent un puissant exemple de ce que l'humanité peut accomplir lorsqu'elle est animée par la curiosité et l'ambition.

LE MYSTÈRE DU MÉCANISME D'ANTICYTHÈRE

En 1901, des pêcheurs d'éponges découvrirent, au large de l'île grecque d'Anticythère, l'épave d'un navire qui renfermait un artefact énigmatique aujourd'hui connu sous le nom de mécanisme d'Anticythère. Datant d'environ 100 av. J.-C., cet objet complexe est considéré comme le tout premier ordinateur analogique du monde, conçu pour prédire des phénomènes astronomiques avec une précision stupéfiante.

Le mécanisme se compose d'un système sophistiqué d'engrenages et de cadrans en bronze, logés dans une boîte en bois. Lorsqu'on le faisait tourner, il permettait de calculer la position du soleil, de la lune et des planètes, de prédire les éclipses et de suivre le calendrier grec antique. Le raffinement de sa conception surprit les chercheurs, révélant un savoir-faire tech-

nologique bien plus avancé qu'on ne l'imaginait pour cette époque.

Pendant des décennies, sa fonction et sa fabrication demeurèrent mystérieuses. Les techniques modernes d'imagerie, comme la tomographie par rayons X, ont permis de dévoiler ses rouages internes et d'éclairer son ingénierie remarquable. Les inscriptions gravées sur l'appareil suggèrent qu'il servait à des fins éducatives et qu'il aurait pu provenir d'un atelier lié à de grands savants grecs tels qu'Archimède ou Hipparque.

Malgré ces découvertes, de nombreuses questions restent ouvertes. Comment un tel outil, d'une telle complexité, a-t-il pu voir le jour dans une époque dépourvue de machines industrielles ? Pourquoi ce niveau de sophistication technologique semble-t-il avoir disparu pendant plus d'un millénaire avant de réapparaître au Moyen Âge ? Le mécanisme d'Anticythère était-il une invention unique ou le vestige d'une tradition plus vaste ?

Le mécanisme d'Anticythère bouleverse notre compréhension de l'innovation antique, prouvant que les limites de l'ingéniosité humaine dépassent souvent ce que l'on croit. Il demeure un témoignage éclatant du génie des Anciens et des mystères que l'histoire n'a pas encore révélés.

LE GRAND INCENDIE DE CHICAGO : ENTRE FAITS ET FOLKLORE

L e soir du 8 octobre 1871, un feu se déclencha dans une petite grange du sud-ouest de Chicago. Attisé par une sécheresse persistante, les constructions en bois et des vents violents, l'incendie se propagea rapidement, échappant à tout contrôle et engloutissant une grande partie de la ville. Lorsqu'il fut enfin maîtrisé deux jours plus tard, le grand incendie de Chicago avait détruit plus de 17 000 bâtiments, laissé 100 000 personnes sans abri et causé la mort d'environ 300 personnes.

L'origine du feu reste incertaine, mais le folklore attribua longtemps la catastrophe à la vache de Catherine O'Leary, qui aurait renversé une lanterne dans sa grange. Bien que cette version ait captivé l'imaginaire populaire, il s'agissait probablement d'une invention d'un journaliste peu scrupuleux. En réalité, aucune preuve n'a jamais établi de lien entre la famille O'Leary et l'incendie, même si elle dut endurer des décennies de blâme injuste.

La propagation fulgurante du feu s'explique par une combinaison de facteurs : les structures en bois serrées les unes contre les autres, l'absence d'équipements modernes de lutte contre l'incendie, et la vulnérabilité de la ville après une longue période de sécheresse. La tragédie mit en lumière la nécessité de meilleures normes urbaines et de sécurité incendie.

Dans les années qui suivirent, Chicago renaquit littéralement de ses cendres. La ville adopta de nouvelles techniques de construction, utilisant des matériaux résistants au feu comme la brique et l'acier. Ce vaste effort de reconstruction transforma Chicago en un centre d'innovation architecturale, lui valant le surnom de « Seconde Ville ».

Le grand incendie de Chicago demeure un symbole puissant de destruction et de résilience. Si la légende de la vache ajoute une touche de folklore à l'histoire, l'héritage réel réside dans la reconstruction de la ville, plus forte et déterminée que jamais.

LA DISPARITION DES ENFANTS SODDER

La nuit de Noël 1945, un incendie ravagea la maison de la famille Sodder à Fayetteville, en Virginie-Occidentale. George et Jennie Sodder, ainsi que neuf de leurs dix enfants, dormaient lorsque le feu se déclara. Si quatre des enfants purent s'échapper, les cinq autres — Maurice, Martha, Louis, Jennie et Betty — furent présumés morts. Pourtant, le mystère entourant leur disparition intrigue enquêteurs et grand public depuis des décennies.

Malgré les recherches approfondies menées dans les décombres, aucun reste humain ne fut retrouvé — une

anomalie, car il faut une chaleur extrême pour réduire totalement des os en cendres. De plus, plusieurs événements étranges avaient eu lieu avant et pendant l'incendie. Un appel téléphonique mystérieux, une échelle disparue puis retrouvée cachée, ainsi qu'un camion de la famille saboté éveillèrent des soupçons de malveillance.

Au fil des années, les Sodder furent convaincus que leurs enfants avaient été enlevés. Des témoins affirmèrent avoir aperçu certains des enfants disparus, et la famille reçut une photo anonyme d'un jeune homme ressemblant à Louis Sodder. Au dos figurait une note énigmatique : « Louis Sodder. I love brother Frankie. Ilil boys. A90132 or 35. » Les Sodder firent appel à des détectives privés pour suivre ces pistes, mais toutes se révélèrent infructueuses.

L'affaire n'a jamais été résolue. Les théories vont d'une vengeance de la mafia à un enlèvement soigneusement orchestré. Malgré leurs recherches acharnées, les Sodder ne découvrirent jamais la vérité.

La disparition des enfants Sodder demeure l'un des mystères les plus obsédants de l'histoire américaine, mêlant tragédie et intrigue. Elle illustre la force de l'espoir inébranlable d'une famille, le poids des questions sans réponses, et une énigme qui continue de fasciner et de troubler.

LA LÉGENDE DU MONSTRE DU LOCH NESS

Au cœur des eaux brumeuses du Loch Ness, en Écosse, se cache l'un des mystères les plus durables du monde : le monstre du Loch Ness. Affectueusement surnommé « Nessie », cette créature insaisissable alimente la curiosité et les débats depuis des siècles, avec des témoignages remontant jusqu'au VIe siècle.

La légende moderne prit son essor en 1933, lorsqu'un couple affirma avoir vu une énorme créature, semblable à un dinosaure, traverser la route près du loch. Peu après, une photographie prise par Robert Kenneth Wilson — connue sous le nom de « photo du chirurgien » — sembla montrer une silhouette au long cou glissant sur l'eau. Bien que cette image se soit révélée être un canular, elle fixa Nessie dans l'imaginaire collectif.

Au fil des ans, d'innombrables expéditions ont tenté de percer le secret. Des relevés sonar, des caméras sous-marines et même des études ADN ont été menés, sans jamais apporter de preuve concluante de l'existence du monstre. Les explications avancées vont d'animaux mal identifiés, comme des phoques ou des esturgeons, à des phénomènes naturels tels que des vagues ou des troncs submergés.

Malgré l'absence d'éléments tangibles, Nessie continue de captiver les imaginations à travers le monde. Le monstre du Loch Ness est devenu un symbole du mystère et de l'émerveillement, attirant touristes, cryptozoologues et sceptiques dans les Highlands écossais.

Qu'il s'agisse d'une créature réelle, d'une invention de l'imagination ou d'un habile coup de promotion, la légende de Nessie perdure. Elle nous rappelle l'amour de l'humanité pour les énigmes et la possibilité qu'il reste encore beaucoup à découvrir dans les profondeurs de notre monde.

LE MYSTÈRE DE KASPAR HAUSER

Le 26 mai 1828, un adolescent mystérieux apparut à Nuremberg, en Allemagne, déclenchant l'une des énigmes les plus déroutantes du XIXe siècle. Le garçon, qui se faisait appeler Kaspar Hauser, parlait à peine, marchait difficilement et portait une lettre adressée à un officier local. Celle-ci affirmait qu'il avait grandi dans l'isolement et qu'il souhaitait servir dans l'armée.

Interrogé, Hauser raconta une histoire encore plus étrange. Il disait avoir passé la majeure partie de sa vie enfermé dans une cellule obscure, nourri uniquement de pain et d'eau, sans aucun contact humain. Il ne connaissait rien du monde extérieur avant d'être libéré peu de temps avant son arrivée à Nuremberg.

Son apparition soudaine et son comportement singulier fascinèrent le pub-

lic, faisant de lui une célébrité instantanée. Beaucoup spéculèrent qu'il était de sang noble, peut-être l'héritier légitime du grand-duché de Bade, caché pour permettre à un autre de prendre le trône. D'autres pensaient que son récit relevait de l'imposture ou d'un trouble mental.

Le mystère s'épaissit en 1833, lorsque Hauser fut retrouvé grièvement blessé d'un coup de poignard. Avant de mourir, il affirma avoir été attaqué par un inconnu qui lui aurait remis une bourse contenant une note énigmatique. L'auteur de la lettre revendiquait la responsabilité de son éducation, sans donner plus de détails. Cependant, les incohérences du récit poussèrent certains à croire qu'Hauser s'était infligé la blessure lui-même, peut-être dans un ultime appel à l'attention.

Aujourd'hui encore, la véritable identité et l'origine de Kaspar Hauser demeurent un mystère. Qu'il ait été une victime tragique ou un imposteur habile, son histoire continue d'intriguer et de dérouter, nous laissant méditer sur les secrets qu'il emporta dans sa tombe.

LE VILLAGE DISPARU DU LAC ANJIKUNI

D ans les contrées reculées du nord du Canada se cache l'un des mystères les plus étranges et glaçants de l'histoire du pays : la disparition d'un village inuit entier près du lac Anjikuni. L'événement, qui se serait produit en 1930, déroute encore les enquêteurs et alimente d'inquiétants récits d'inexpliqué.

Un trappeur du nom de Joe Labelle, familier de la région, arriva au village en s'attendant à y trouver une communauté animée. À la place, il découvrit un silence effrayant. Les huttes et les kayaks étaient intacts, la nourriture encore sur les feux éteints, et les effets personnels soigneusement rangés — comme si les habitants s'étaient volatilisés en pleine activité quotidienne.

Plus troublant encore, Labelle affirma avoir découvert que les tombes du cimetière du village avaient été vidées, leurs marqueurs retirés, sans aucune trace des dépouilles. Même les chiens de traîneau, indispensables à la survie, furent retrouvés morts, gelés et affamés, alors qu'une réserve abondante de nourriture était restée sur place.

Labelle alerta la Gendarmerie royale du Canada, qui ouvrit une enquête. Mais aucune explication concluante ne fut jamais trouvée. Les théories allaient de la famine et du déplacement volontaire, jusqu'à des forces surnaturelles, une abduction extraterrestre ou encore des esprits malveillants issus du folklore inuit. Certains sceptiques doutent même que l'incident ait réellement eu lieu, soulignant l'absence de documents contemporains.

Qu'elle soit véridique ou non, la légende du village disparu du lac Anjikuni perdure et séduit les amateurs de paranormal. Elle demeure un rappel troublant des vastes territoires inexplorés de notre monde et des mystères qu'ils recèlent, où la frontière entre réalité et folklore reste floue.

LA MALÉDICTION DU TRIANGLE DES BERMUDES

L e triangle des Bermudes, une zone approxima-
tivement délimitée entre Miami, les Bermudes et
Porto Rico, s'est forgé une réputation inquiétante :
celle d'un territoire mystérieux où des navires et des avions disparaîtraient sans laisser de trace. Au fil des ans, ce
secteur surnommé « le triangle du diable » a été associé à
d'innombrables disparitions.

L'un des premiers et plus célèbres incidents eut lieu
en 1945, lorsque le vol 19 — un groupe de cinq bombar-
diers américains — disparut lors d'un exercice d'entraîne-

ment. Les pilotes
signalèrent des dys-
fonctionnements de
leurs compas et une
désorientation avant
que les communica-
tions ne soient rom-
pues. Un avion de
secours envoyé à leur
recherche disparut
également, renforçant
la réputation sinistre

de la zone. Depuis, les récits de navires fantômes, d'instruments défaillants et d'épaves inexpliquées n'ont fait qu'alimenter la légende.

Les théories avancées pour expliquer le mystère du triangle des Bermudes vont du scientifique au fantastique. Parmi les explications naturelles, on évoque des anomalies magnétiques, des éruptions de gaz méthane, des vagues scélérates ou encore des conditions météorologiques extrêmes. D'autres hypothèses, plus spectaculaires, parlent d'extraterrestres, de distorsions temporelles ou des vestiges de la mythique Atlantide.

Les sceptiques, eux, soutiennent que la réputation du triangle est largement exagérée. Selon eux, le nombre de disparitions n'est pas anormal pour une zone aussi fréquentée, et les récits sensationnalistes ont souvent éclipsé des explications plus banales comme des erreurs humaines ou des pannes mécaniques.

Malgré ces arguments rationnels, le triangle des Bermudes continue de fasciner l'imaginaire collectif. Son mystère persistant incarne la soif d'inconnu de l'humanité et rappelle que l'océan, vaste et imprévisible, recèle encore des secrets qui échappent à notre compréhension.

OPÉRATION MINCEMEAT : L'HOMME QUI N'EXISTAIT PAS

P endant la Seconde Guerre mondiale, les Alliés mirent en œuvre l'un des plans de tromperie les plus ingénieux de l'histoire, connu sous le nom d'*opération Mincemeat*. La mission consistait à placer de fausses informations sur un cadavre afin d'induire l'Allemagne nazie en erreur et de détourner ses forces — une stratégie audacieuse qui s'avéra d'une efficacité redoutable.

Le cœur du plan reposait sur la création d'une identité fictive pour le corps. Les services secrets britanniques se procurèrent celui d'un sans-abri mort de pneumonie

et l'habillèrent en « Major William Martin » des Royal Marines. Ils lui confièrent de faux documents indiquant que les Alliés prévoyaient d'envahir la Grèce et la Sardaigne, plutôt que leur véritable cible : la Sicile.

En avril 1943, un sous-marin britannique déposa le corps au large des côtes espagnoles, où il fut découvert par les autorités locales. Sachant que le gouvernement espagnol entretenait des liens avec les nazis, les Britanniques veillèrent à ce que les documents parviennent entre les mains allemandes.

La supercherie fonctionna à merveille. Les forces allemandes déplacèrent des troupes pour défendre la Grèce et la Sardaigne, laissant la Sicile vulnérable. Lorsque les Alliés lancèrent leur invasion en juillet 1943, ils rencontrèrent une résistance bien moindre, marquant un tournant décisif dans le conflit.

L'opération Mincemeat reste dans les mémoires comme un chef-d'œuvre d'espionnage, alliant planification minutieuse, créativité et manipulation psychologique. Son récit a depuis été immortalisé dans des livres et des films, confirmant sa place parmi les ruses militaires les plus audacieuses et réussies de l'histoire.

L'histoire de l'opération Mincemeat illustre la puissance de la tromperie en temps de guerre : une seule supercherie savamment orchestrée peut suffire à changer le cours de l'Histoire.

LE MYSTÈRE DE STONEHENGE

Se dressant sur la plaine de Salisbury, en Angleterre, Stonehenge est l'un des monuments les plus emblématiques et énigmatiques du monde. Composé d'énormes pierres disposées en cercle, ce site préhistorique intrigue archéologues et historiens depuis des siècles. Qui l'a construit, comment, et surtout pourquoi ? Autant de questions qui continuent de nous fasciner.

La construction de Stonehenge débuta vers 3000 av. J.-C. et évolua sur plusieurs millénaires. Les plus grands blocs, appelés *sarsens*, pèsent jusqu'à 25 tonnes et furent transportés depuis une distance de plus de 30 kilomètres.

Plus surprenant encore, les pierres plus petites, dites « pierres bleues », proviennent du Pays de Galles, à environ 240 kilomètres. Les méthodes employées pour déplacer et ériger ces monolithes sans outils ni machines modernes restent un sujet de débat.

La fonction de Stonehenge demeure tout aussi mystérieuse. Certains chercheurs y voient un site funéraire, hypothèse appuyée par la découverte de restes humains à proximité. D'autres estiment qu'il s'agissait d'un calendrier astronomique, aligné sur les solstices afin de marquer des événements saisonniers majeurs. Son orientation par rapport aux astres suggère une connaissance approfondie de l'astronomie de la part de ses bâtisseurs.

Des théories plus spéculatives associent Stonehenge à des rituels anciens, aux cérémonies druidiques, voire à une intervention extraterrestre. Bien que captivantes, ces idées n'ont jamais été confirmées par des preuves tangibles.

Ces dernières années, les progrès de l'archéologie ont apporté de nouveaux éclairages, notamment la découverte de villages et de structures similaires à proximité. Pourtant, l'histoire complète de Stonehenge demeure insaisissable.

Ce monument millénaire reste un témoignage impressionnant de l'ingéniosité humaine et de l'attrait éternel du mystère. Stonehenge continue d'attirer des millions de visiteurs chaque année, les invitant à s'émerveiller devant son ampleur, son énigme et les secrets qu'il garde encore jalousement.

LE MIRACLE DU SOLEIL : LES APPARITIONS DE FATIMA

Le 13 octobre 1917, des dizaines de milliers de personnes se rassemblèrent dans la petite ville portugaise de Fatima pour assister à ce qui allait devenir l'un des événements religieux les plus célèbres du XXe siècle : le miracle du soleil. Le phénomène survint après plusieurs mois de récits de trois enfants bergers — Lucia, Francisco et Jacinta — qui affirmaient avoir vu des apparitions de la Vierge Marie.

Selon les enfants, la Vierge leur était apparue à plusieurs reprises, leur transmettant des messages de prière, de repentance et des avertissements concernant des événements mondiaux. Elle avait promis qu'un signe serait donné le 13 octobre afin de convaincre les sceptiques de sa présence. La nouvelle s'était répandue, et une foule immense composée de

croyants, de curieux et de journalistes se réunit dans le champ de la Cova da Iria, bravant la pluie et la boue.

Ce qui suivit reste au cœur des débats. Des témoins rapportèrent que la pluie cessa soudainement, les nuages se dissipèrent, et le soleil apparut, semblant tournoyer, changer de couleur et zigzaguer dans le ciel. Certains affirmèrent même que l'astre plongeait vers la Terre, provoquant la panique de la foule. D'autres racontèrent que leurs vêtements, trempés par la pluie, étaient inexplicablement secs à la fin de l'événement.

Les sceptiques attribuèrent le phénomène à une hystérie collective, à des illusions d'optique ou à des conditions météorologiques particulières. Les scientifiques rappelèrent que fixer directement le soleil peut provoquer des distorsions visuelles temporaires. D'autres allèrent jusqu'à qualifier l'épisode de supercherie ou d'exagération. Pourtant, pour beaucoup de participants, il ne faisait aucun doute qu'ils avaient assisté à un véritable miracle divin.

L'Église catholique finit par reconnaître l'authenticité des apparitions de Fatima, et le site devint un important lieu de pèlerinage. Le miracle du soleil demeure aujourd'hui un symbole puissant de foi pour des millions de personnes, à la croisée de la dévotion religieuse et de l'un des événements les plus énigmatiques de l'histoire.

LA MALÉDICTION D'ÖTZI, L'HOMME DES GLACES

En 1991, des randonneurs découvrirent dans les Alpes, à la frontière austro-italienne, une momie remarquablement bien conservée, prisonnière des glaces. Surnommé Ötzi, « l'homme des glaces » fut daté de plus de 5 000 ans, faisant de lui l'une des plus anciennes et mieux préservées momies jamais mises au jour. Mais à côté des incroyables découvertes scientifiques qu'il permit, une légende glaçante prit forme : la malédiction d'Ötzi.

Depuis sa découverte, plusieurs personnes liées à lui sont mortes dans des circonstances étranges ou tragiques.

Parmi les premiers, le médecin légiste Rainer Henn, qui avait manipulé le corps d'Ötzi à mains nues, périt dans un accident de voiture alors qu'il se rendait à une conférence sur l'homme des glaces. Peu après, Kurt Fritz, l'alpiniste qui avait aidé les scientifiques à atteindre le site, mourut dans une avalanche. Helmut Simon, l'un des deux randonneurs découvreurs, perdit lui aussi la vie, emporté par une tempête de neige dans la même région.

Au fil des années, d'autres décès furent également attribués à la malédiction : l'archéologue Konrad Spindler, premier à étudier Ötzi, ou encore le journaliste Rainer Hölz, qui avait filmé sa récupération. Bien que beaucoup de ces morts puissent s'expliquer par le hasard, leur succession a nourri l'idée qu'en troublant le repos d'Ötzi, on aurait libéré une force surnaturelle.

Les sceptiques, eux, estiment que ces décès sont sans lien et statistiquement négligeables, compte tenu du nombre important de personnes impliquées dans la découverte et l'étude de la momie. Pendant ce temps, les chercheurs poursuivent leurs analyses, révélant des détails fascinants sur la vie préhistorique : son alimentation, ses outils, et même les causes de sa mort — une violente blessure par flèche.

La légende de la malédiction d'Ötzi perdure, mêlant mystère ancestral et intrigue moderne. Qu'il s'agisse de simples coïncidences ou d'un avertissement symbolique, l'histoire de l'homme des glaces continue de captiver et d'intriguer le monde entier.

LE MYSTÈRE DE LA FORÊT DANSANTE

D ans un recoin isolé de la région de Kaliningrad, en Russie, se trouve une curiosité naturelle des plus singulières : la forêt dansante. Située au cœur du parc national de l'Isthme de Courlande, cette pinède intrigue scientifiques et visiteurs depuis des décennies. Contrairement aux arbres ordinaires, les troncs y sont tordus et enroulés en formes étranges — boucles, spirales et courbes improbables — offrant un spectacle presque surnaturel.

L'aspect inhabituel de cette forêt a donné naissance à de nombreuses théories. Certains scientifiques y voient le résultat d'une rare mutation génétique ou de sols sableux instables, obligeant les arbres à croître de façon irrégulière pour trouver leur équilibre. D'autres avancent l'influence de vents

particuliers ou encore l'action d'insectes nuisibles ayant perturbé la croissance des jeunes pins.

Au-delà des explications rationnelles, la forêt dansante nourrit aussi légendes et croyances mystiques. Selon le folklore local, le lieu serait enchanté, les troncs tordus symbolisant des esprits prisonniers ou la présence de forces surnaturelles. Certains affirment même que la zone émettrait des champs d'énergie particuliers, attirant des visiteurs en quête d'expériences spirituelles et de vibrations mystérieuses.

La forêt dansante n'est pas un cas isolé : d'autres formations similaires existent ailleurs dans le monde, comme la « forêt tordue » en Pologne, ce qui ne fait qu'épaissir le mystère.

En l'absence d'explication définitive, la forêt dansante continue d'attirer des curieux venus du monde entier, fascinés par sa beauté irréelle. Qu'elle soit une anomalie naturelle, une énigme scientifique ou une porte vers le mystique, elle rappelle à quel point la nature peut encore nous surprendre et nous émerveiller.

L'ÉNIGME DU BOURDONNEMENT DE TAOS

D ans la petite ville de Taos, au Nouveau-Mexique, un son étrange et persistant intrigue habitants et scientifiques depuis plusieurs décennies. Connu sous le nom de *Taos Hum* (« bourdonnement de Taos »), ce bruit de basse fréquence est décrit comme un ronronnement ou un grondement lointain, semblable à celui d'un moteur diesel. Alors que certains l'entendent clairement, d'autres n'en perçoivent rien, ce qui ajoute une dimension supplémentaire au mystère.

Le phénomène attira l'attention au début des années 1990, lorsque des résidents commencèrent à signaler le bruit aux autorités locales. De nombreuses enquêtes furent menées, impliquant des scientifiques et des ingénieurs, mais aucune n'a permis d'identifier avec certitude l'origine du

bourdonnement. Fait troublant, le son est souvent signalé à l'intérieur des habitations et semble s'atténuer lorsqu'on se trouve à l'extérieur.

Plusieurs explications ont été avancées. Certains pensent qu'il pourrait provenir de machines industrielles, d'activités géologiques naturelles ou d'ondes électromagnétiques à basse fréquence. D'autres y voient un lien avec l'acouphène, un trouble auditif. Pourtant, ces hypothèses ne permettent pas d'expliquer pourquoi seule une partie de la population l'entend.

Les idées plus spéculatives vont jusqu'à évoquer des projets militaires secrets, une activité extraterrestre ou même un phénomène psychologique collectif. Toutefois, aucune de ces théories n'a jamais été confirmée par des preuves tangibles.

Le *Taos Hum* demeure une énigme irrésolue, attirant chercheurs du son, curieux et passionnés de paranormal. Qu'il s'agisse d'un phénomène naturel, d'une anomalie d'origine humaine ou de quelque chose d'entièrement inconnu, ce bourdonnement continue de fasciner autant qu'il déconcerte, laissant derrière lui plus de questions que de réponses.

LE MYSTÈRE DU SIGNAL WOW!

L e 15 août 1977, un puissant signal radio inexpliqué fut détecté par l'astronome Jerry R. Ehman dans le cadre d'un projet SETI (*Search for Extraterrestrial Intelligence*) à l'université d'État de l'Ohio. Le signal, provenant de la constellation du Sagittaire, dura 72 secondes et fut si singulier qu'Ehman écrivit « Wow! » dans la marge de l'impression des données, donnant ainsi son nom à cet événement désormais célèbre.

Le signal se distingua par son intensité et sa bande étroite, caractéristiques proches d'une transmission artificielle, et rarement produites par des phénomènes naturels dans l'espace. Il provenait d'une zone du ciel dépourvue d'étoiles ou de planètes connues capables d'émettre un tel signal, accentuant encore le mystère. Malgré de nombreuses observations ultérieures, le signal ne fut jamais détecté de

nouveau, rendant l'énigme encore plus profonde.

Les théories sur son origine vont des phénomènes naturels, tels qu'une comète ou un nuage interstellaire d'hydrogène, à des hypothèses plus audacieuses comme une communication extraterrestre. En 2017, un chercheur proposa que le signal aurait pu être causé par un nuage d'hydrogène entourant une comète, mais cette explication ne fit pas consensus parmi la communauté scientifique.

Depuis toujours, les scientifiques du SETI scrutent le ciel à la recherche de signes d'intelligence extraterrestre, et le signal Wow! demeure l'un des indices les plus intrigants jamais enregistrés. Cependant, sa nature éphémère et l'absence de réapparition rendent impossible toute confirmation définitive.

Le signal Wow! continue d'inspirer débats, recherches et même œuvres artistiques, symbolisant la quête de l'humanité pour répondre à l'une de ses plus grandes questions : sommes-nous seuls dans l'univers ? Tant qu'un signal similaire ne sera pas découvert, le signal Wow! restera un mystérieux chuchotement venu du cosmos.

LA LÉGENDE DU RAYON VERT

D epuis des siècles, marins et observateurs du ciel murmurent des récits au sujet du mystérieux « rayon vert », un phénomène insaisissable qui se produirait au moment précis où le soleil se couche ou se lève. Ceux qui ont eu la chance de l'apercevoir décrivent une brève étincelle d'émeraude à l'horizon — un instant si fugace qu'il est souvent pris pour un mythe. Pourtant, le rayon vert est bien réel, bien que rare, et il est chargé à la fois de science et de légendes.

Le phénomène survient dans des conditions atmosphériques particulières. Lorsque le soleil se trouve près de l'horizon, sa lumière traverse une couche plus épaisse de l'atmosphère terrestre. Celle-ci agit comme un prisme, réfractant la lumière et séparant ses couleurs. Le vert est la dernière couleur visible à être déviée avant que le soleil ne disparaisse ou n'appa-

raisse, produisant ce bref éclat.

Autrefois, les marins croyaient que le rayon vert portait chance ou représentait un message divin. Dans la culture populaire, il acquit une notoriété grâce au roman *Le Rayon vert* (1882) de Jules Verne, où il symbolise la clarté et la vérité. Certains affirment même qu'en être témoin confère sagesse ou permet de comprendre ses véritables sentiments.

La rareté du rayon vert contribue à son aura mystérieuse. Pour l'observer, il faut un ciel parfaitement dégagé, un horizon plat (comme au-dessus de l'océan) et une synchronisation impeccable. Même dans ces conditions idéales, il ne dure qu'une ou deux secondes, laissant parfois les témoins douter de leurs propres yeux.

Curiosité scientifique ou symbole de beauté éphémère, le rayon vert continue de captiver l'imaginaire collectif. Il rappelle les merveilles dissimulées dans les cycles ordinaires de la nature, prêtes à se révéler à ceux qui savent les attendre.

LA MALÉDICTION DE LA WINCHESTER MYSTERY HOUSE

À San Jose, en Californie, se dresse l'une des merveilles architecturales les plus étranges des États-Unis : la Winchester Mystery House. Construite par Sarah Winchester, héritière de la fortune des fusils Winchester, ce manoir tentaculaire est célèbre pour son agencement déroutant et les légendes inquiétantes qui l'entourent.

L'histoire commence en 1881, lorsque le mari et la fille en bas âge de Sarah moururent, la laissant accablée de chagrin. Selon la légende, une médium lui aurait révélé que sa famille était maudite par les esprits des victimes des fusils Winchester. Pour apaiser ces esprits, elle aurait reçu l'instruction de bâtir une maison... et de ne jamais cesser sa construction.

Pendant 38 ans, les travaux se poursuivirent jour et nuit.

Le résultat fut un véritable labyrinthe de 160 pièces, 10 000 fenêtres et 2 000 portes, dont certaines ne mènent nulle part. Des escaliers montent vers des plafonds, des portes s'ouvrent sur le vide, et des couloirs se croisent dans une confusion totale. L'obsession de Sarah pour cette construction incessante, ainsi que la disposition chaotique de la maison, ont nourri l'idée qu'elle voulait désorienter ou piéger les esprits vengeurs.

Malgré la légende, les véritables motivations de Sarah Winchester restent incertaines. Certains pensent qu'elle était simplement excentrique et que ce projet fut une manière de gérer son deuil. D'autres suggèrent qu'elle était une conceptrice originale ou qu'elle fut la proie de charlatans profitant de sa richesse.

Aujourd'hui, la Winchester Mystery House est une attraction touristique majeure, attirant les visiteurs fascinés par sa réputation hantée et ses bizarreries architecturales. Qu'elle soit le fruit d'une malédiction ou d'une vision singulière, elle demeure le symbole d'une vie énigmatique et de ces récits que l'on forge pour donner un sens à l'inexplicable.

LA BALEINE EXPLOSIVE DE L'OREGON

L e 12 novembre 1970, la petite ville côtière de Florence, dans l'Oregon, fut le théâtre de l'un des événements les plus étranges et spectaculaires de l'histoire. Une baleine de 14 mètres de long, pesant près de 8 tonnes, s'était échouée et commençait à se décomposer, répandant une odeur insoutenable. Ne sachant comment se débarrasser de l'énorme carcasse, les autorités locales eurent une idée pour le moins insolite : utiliser de la dynamite.

La division des routes de l'Oregon estima que faire exploser la baleine serait la méthode la plus rapide et efficace. L'explosion, pensaient-ils, réduirait l'animal en petits morceaux que les mouettes et autres charognards viendraient ensuite nettoyer. Les ingénieurs calculèrent qu'une demi-tonne de dynamite suffirait pour accomplir la tâche.

Le jour venu, une foule de curieux se rassembla pour assister au spectacle. Mais lorsque la dynamite fut déclenchée, la détonation dépassa toutes les attentes. Au lieu de disperser de modestes morceaux, l'explosion projeta d'énormes blocs de graisse de baleine qui retombèrent sur la foule et les voitures environnantes. Un morceau s'écrasa même sur une voiture stationnée à près de 400 mètres, l'écrasant totalement. Par chance, personne ne fut gravement blessé.

L'événement devint rapidement un exemple édifiant d'excès de confiance et de planification hasardeuse. Les images de l'explosion furent diffusées à la télévision locale avant de devenir virales des décennies plus tard, inscrivant la baleine explosive dans le folklore de l'Oregon comme une légendaire démonstration d'ingéniosité… complètement ratée.

Aujourd'hui, cette histoire reste un récit favori de la région, rappelant avec humour que parfois, les solutions les plus simples sont les meilleures — et que la nature ne se plie pas toujours à nos plans.

L'ARMÉE FANTÔME DE LA SECONDE GUERRE MONDIALE

Pendant la Seconde Guerre mondiale, l'armée américaine déploya l'une de ses unités les plus insolites : la 23e unité spéciale de quartier général, mieux connue sous le nom d'*armée fantôme*. Cette unité ultra-secrète n'était pas destinée au combat, mais à la tromperie, utilisant des illusions élaborées pour induire les forces allemandes en erreur. Leurs opérations uniques et audacieuses sauvèrent des milliers de vies et jouèrent un rôle crucial dans la victoire des Alliés.

L'armée fantôme comptait environ 1 100 hommes — des artistes, des designers, des acteurs et des ingénieurs. Leur arsenal comprenait des chars et avions gonflables, des effets sonores réalistes et de fausses transmissions radio. En combinant ces éléments, l'unité pouvait créer l'illusion de divisions

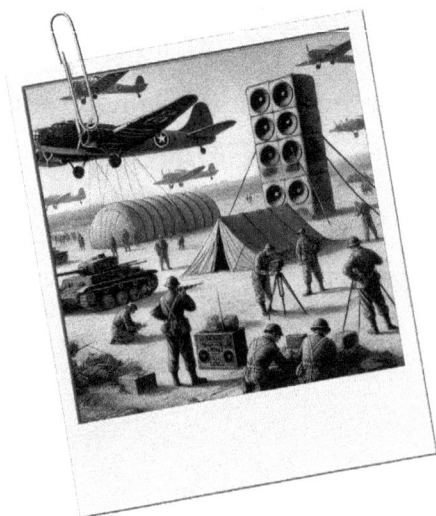

entières là où il n'y en avait aucune. Ils installaient par exemple d'énormes haut-parleurs diffusant des bruits de troupes, de chars et d'artillerie à des kilomètres de distance, convainquant l'ennemi d'une présence massive.

L'une de leurs opérations les plus célèbres eut lieu en 1944, pendant la bataille des Ardennes. L'armée fantôme mit en place une force factice convaincante afin de détourner les troupes allemandes de l'avancée réelle des Alliés. Leurs efforts semèrent la confusion et retardèrent l'ennemi, permettant aux Alliés de se regrouper et de reprendre l'avantage.

Malgré leurs contributions décisives, les actions de l'armée fantôme restèrent classifiées pendant des décennies. Ce n'est qu'au cours des années 1990 que leur histoire fut largement révélée, et en 2013, le Congrès américain leur décerna la Médaille d'or du Congrès pour leur service.

La créativité et l'ingéniosité de l'armée fantôme rappellent la puissance de la tromperie en temps de guerre. Leur héritage illustre qu'une bataille peut être gagnée non seulement par la force, mais aussi par la ruse et l'imagination.

LA BATAILLE DES BALEINIERS : UN MYSTÈRE NAUTIQUE

En 1820, le baleinier américain *Essex* quitta Nantucket pour ce qui devait être une expédition de chasse à la baleine routinière. Mais le voyage se transforma rapidement en une histoire de survie si terrifiante qu'elle inspira plus tard Herman Melville pour son roman *Moby Dick*.

Alors qu'ils chassaient les cachalots dans le Pacifique Sud, l'équipage aperçut une baleine gigantesque, longue de près de 26 mètres, au comportement troublant, presque calculé. À la stupeur des marins, l'animal chargea le navire à deux reprises, provoquant le naufrage de l'*Essex*. Les hommes n'eurent d'autre choix que d'abandonner le navire et de se réfugier dans trois petites chaloupes.

Dérivant sur l'immensité de l'océan, ils furent confrontés à la faim, aux tempêtes et au désespoir. Tentant de rejoindre la terre ferme, ils furent déviés de leur route. Après plusieurs semaines, leurs provisions s'épuisèrent et l'équipage recourut au cannibalisme : d'abord en se nourrissant des morts, puis en tirant au sort pour sacrifier un compagnon afin de prolonger leur survie.

Sur les 20 hommes de l'*Essex*, seuls huit furent finalement secourus, des mois plus tard. Leur calvaire reste l'un des désastres maritimes les plus célèbres du XIXe siècle, soulevant des questions sur la résilience humaine et la cruauté de la mer.

L'histoire de l'*Essex* est bien plus qu'une tragédie nautique : c'est un rappel glaçant de la puissance imprévisible de la nature et des limites que l'homme est prêt à franchir pour survivre. Encore aujourd'hui, elle continue de fasciner et de glacer le sang.

HY-BRASIL : L'ÎLE DE LA JEUNESSE ÉTERNELLE

Pendant des siècles, les marins ont raconté des histoires au sujet d'une île enchantée appelée Hy-Brasil, un territoire voilé de brume qui n'apparaîtrait qu'une fois tous les sept ans. Située quelque part au large de la côte ouest de l'Irlande, Hy-Brasil était décrite comme un paradis — un lieu de jeunesse éternelle, de richesses et de savoirs avancés.

Les cartes anciennes, du XIVe au XVIIe siècle, mentionnaient Hy-Brasil, souvent représentée comme une île circulaire traversée par une rivière. Inspirés par ces récits d'utopie magique, des explorateurs partirent à sa recherche. Certains affirmèrent avoir aperçu ses rivages, tandis que d'autres jurèrent y avoir posé le pied et rencontré une civilisation mystérieuse.

L'un des témoignages les plus

célèbres est celui du marin John Nisbet, dans les années 1670. Il raconta que son équipage fut enveloppé par un épais brouillard et, lorsqu'il se dissipa, ils se retrouvèrent à Hy-Brasil. Selon lui, les habitants étaient des êtres hautement intelligents qui offrirent aux visiteurs savoirs et présents avant de les laisser repartir. Malgré ce récit, aucune preuve tangible de l'existence de l'île ne fut jamais trouvée.

À l'époque moderne, Hy-Brasil a même été associée au folklore des OVNIs. En 1980, un officier du renseignement militaire britannique affirma que les coordonnées d'un mystérieux signal correspondaient à l'emplacement supposé de l'île mythique. Certains pensent qu'Hy-Brasil pourrait être une confusion avec des îles réelles, ou encore une allégorie ancienne représentant un rêve inaccessible.

Qu'il s'agisse d'un paradis légendaire, d'une erreur cartographique ou d'un mystère fascinant, Hy-Brasil continue d'alimenter l'imagination — un mirage scintillant de ce qui pourrait se cacher juste au-delà de l'horizon.

LA MORT DE RASPOUTINE : LE MOINE QUI DÉFIA LE DESTIN

G rigori Raspoutine, le guérisseur mystique et confident de la dernière famille impériale de Russie, mena une vie entourée de mystère. Mais c'est surtout sa mort qui entra dans la légende.

En 1916, Raspoutine s'était attiré de nombreux ennemis à Saint-Pétersbourg en raison de son influence sur le tsar Nicolas II et la tsarine Alexandra. Craignant qu'il ne mène l'empire à sa perte, un groupe de nobles dirigé par le prince Félix Youssoupoff décida de l'assassiner. Mais, selon le récit populaire, Raspoutine ne se laissa pas abattre si facilement.

Dans la nuit du 29 décembre, les conspirateurs l'attirèrent au palais de Youssoupoff sous prétexte d'une réception. Ils lui servirent des gâteaux et du vin empoisonnés au cyanure. Étonnamment, le poison sembla n'avoir aucun effet. Pris de panique, Youssoupoff saisit un pistolet et tira une balle dans la poitrine de Raspoutine, le laissant pour mort. Pourtant, quelques heures plus tard, Raspoutine se serait relevé et aurait titubé dans la cour enneigée.

Déterminés à en finir, les assassins lui tirèrent dessus à nouveau, puis le rouèrent de coups. Enfin, ils l'attachèrent et le jetèrent dans les eaux glacées de la Neva. Lorsque son corps fut retrouvé, ses mains étaient tendues comme s'il avait tenté de remonter à la surface.

Bien que les historiens modernes remettent en question l'exactitude de ces détails, la mort de Raspoutine consacra sa réputation de « moine fou » défiant la logique et même la mort. Son assassinat marqua le début de la fin pour la dynastie Romanov, précipitant la Russie dans le chaos et la révolution.

Qu'il ait été mystique, manipulateur ou simplement incompris, une chose est certaine : la vie et la mort de Raspoutine demeurent l'un des récits les plus glaçants et énigmatiques de l'Histoire.

NOOR INAYAT KHAN : LE COURAGE SILENCIEUX D'UNE ESPIONNE

Pendant la Seconde Guerre mondiale, l'une des espionnes les plus courageuses de Grande-Bretagne fut une femme douce et réservée : Noor Inayat Khan. Fille d'un mystique soufi indien et d'une mère américaine, Noor semblait peu destinée à l'espionnage. Pourtant, elle devint une figure clé de la Résistance française contre l'occupation nazie.

En 1942, Noor rejoignit le *Special Operations Executive* (SOE), une organisation secrète britannique chargée de former des agents pour mener sabotage et actions clandestines derrière les lignes ennemies. Malgré son tempérament pacifiste, elle devint rapidement l'une de leurs opératrices radio les plus compétentes.

En 1943, elle fut

envoyée à Paris sous le nom de code « Madeleine ». Sa mission : transmettre aux Alliés des renseignements vitaux. Un travail extrêmement dangereux, car les nazis étaient experts dans la détection des signaux radio. Alors que beaucoup d'agents étaient capturés en quelques semaines, Noor parvint à échapper aux Allemands pendant plusieurs mois, envoyant sans relâche des messages chiffrés qui contribuèrent à coordonner les actions de la Résistance.

Mais elle finit par être trahie par un informateur. Arrêtée par la Gestapo, elle subit de violents interrogatoires. Malgré la torture, elle ne révéla aucune information, protégeant jusqu'au bout ses compagnons d'armes.

En 1944, Noor fut exécutée au camp de concentration de Dachau. Son dernier mot aurait été : « Liberté ».

Son courage et sa résilience demeurent une source d'inspiration. Noor Inayat Khan reçut à titre posthume la George Cross, l'une des plus hautes distinctions civiles britanniques, ainsi que la Croix de guerre française. Son histoire rappelle que le courage prend des formes multiples, et que même les âmes les plus douces peuvent laisser l'empreinte la plus forte.

LA CITÉ OUBLIÉE SOUS LES VAGUES : PAVLOPETRI

Sous les eaux turquoise au large des côtes du sud de la Grèce repose Pavlopetri, l'une des plus anciennes cités englouties au monde. Découverte en 1967, cette merveille de l'âge du Bronze remonte à plus de 5 000 ans et offre un aperçu fascinant d'une civilisation perdue dans le temps.

Contrairement à la mythique Atlantide, Pavlopetri est bien réelle. Les archéologues y ont identifié des rues, des maisons, des cours et même ce qui semble être un système de drainage — une trouvaille rare pour une époque aussi lointaine. Le plan de la cité révèle une urbanisation avancée, avec des indices de commerce et de vie quotidienne gravés dans les fonds marins.

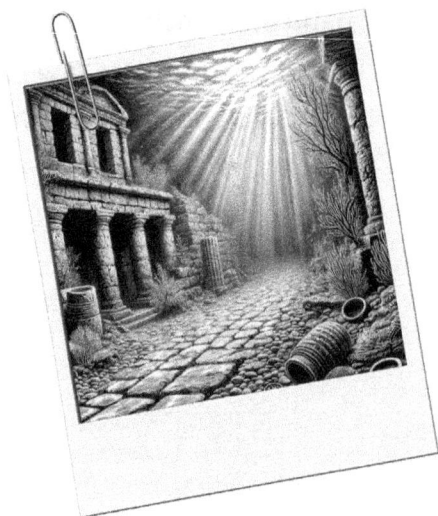

Mais comment une telle cité florissante a-t-elle fini sous les eaux ? La plupart des experts pensent qu'une série de tremblements de terre, combinée à l'élévation du niveau de la mer, provoqua son engloutissement vers 1000 av. J.-C. Malgré cela, Pavlopetri est restée remarquablement préservée, protégée par les couches de sable et de sédiments.

Les technologies modernes ont permis d'en révéler encore davantage. Grâce à la cartographie 3D et aux drones sous-marins, les chercheurs ont découvert de la poterie, des outils et d'autres artefacts témoignant de l'importance de son réseau commercial. Tout laisse penser que Pavlopetri fut un centre d'échanges majeur du monde antique, reliant différentes cultures de la Méditerranée.

Ce qui rend Pavlopetri si fascinante, ce n'est pas seulement son âge, mais aussi les histoires qu'elle raconte sur ceux qui l'habitaient. Des pêcheurs réparant leurs filets aux marchands échangeant leurs biens, la vie à Pavlopetri n'était sans doute pas si différente de la nôtre — jusqu'à ce que la mer s'en empare.

Aujourd'hui, Pavlopetri demeure à la fois un rappel saisissant de la puissance de la nature et un trésor archéologique. Tandis que les vagues recouvrent doucement ses ruines, elle continue de murmurer le récit d'un monde presque effacé par le temps.

LE CHAT DE SCHRÖDINGER : L'HOMME DANS UN PARADOXE

P eu d'expériences de pensée scientifique ont autant marqué l'imagination collective que le chat de Schrödinger. Conçu en 1935 par le physicien autrichien Erwin Schrödinger, cet exercice mental visait à mettre en évidence les implications étranges de la mécanique quantique. Ce qui n'était au départ qu'une critique est devenu l'un des symboles les plus célèbres et les plus déroutants de la science.

Voici le principe : imaginez un chat placé dans une boîte hermétiquement close. À l'intérieur se trouvent un compteur Geiger, un atome radioactif, une fiole de poison et un marteau. Si l'atome se désintègre — un événement quantique aléatoire —, le compteur Geiger le détecte, déclenche le marteau,

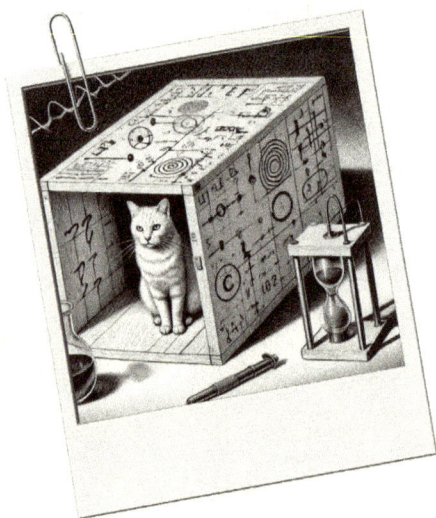

qui brise la fiole et libère le poison, tuant le chat. Si l'atome ne se désintègre pas, le chat reste en vie.

Le paradoxe surgit ici : tant que la boîte n'est pas ouverte pour observer le résultat, le chat existe dans un état de superposition quantique — il est à la fois vivant et mort. Ce concept étrange découle de l'idée qu'au niveau quantique, les particules peuvent exister dans plusieurs états simultanément jusqu'à ce qu'elles soient observées.

Schrödinger avait proposé cette expérience de pensée pour critiquer l'interprétation de Copenhague de la mécanique quantique, selon laquelle la réalité ne devient déterminée qu'au moment de la mesure. Pour lui, appliquer ce principe à des objets du quotidien (comme un chat) montrait bien l'absurdité d'une telle idée.

Bien que le chat de Schrödinger n'ait jamais eu vocation à être pris au pied de la lettre, il est devenu une métaphore puissante des mystères de la mécanique quantique. Le paradoxe continue d'alimenter débats et réflexions chez les physiciens comme chez les philosophes, illustrant l'étrange croisement entre science et perception.

Alors, la prochaine fois que vous méditerez sur les mystères de l'existence, souvenez-vous du chat de Schrödinger — une expérience de pensée qui nous pousse encore à nous demander si la réalité n'est pas, en fin de compte, dans l'œil de celui qui l'observe.

PENDLE HILL : LA TRAGÉDIE DES PROCÈS DE SORCIÈRES EN ANGLETERRE

En 1612, un petit village du Lancashire, en Angleterre, devint le théâtre de l'un des procès de sorcellerie les plus célèbres de l'histoire britannique. Connus sous le nom de procès des sorcières de Pendle, ils menèrent douze personnes à être accusées de sorcellerie, avec des exécutions qui hanteraient la région pendant des siècles.

L'affaire commença lorsqu'une jeune fille, Alizon Device, maudit un colporteur qui avait refusé de lui donner des épingles. Peu après, l'homme fut victime d'une attaque, ce qui alimenta les rumeurs selon lesquelles Alizon l'avait ensorcelé. Les accusations se multiplièrent alors, impliquant sa famille et ses voisins, déjà considérés comme des marginaux ou des fauteurs de troubles.

Les accusés

furent arrêtés et emprisonnés au château de Lancaster. Les preuves étaient minces mais jugées accablantes, souvent fondées sur des rumeurs ou des aveux arrachés sous la contrainte. Le témoignage le plus choquant fut celui d'une fillette de neuf ans, Jennet Device, qui accusa sa propre famille, scellant ainsi leur sort.

En août 1612, le procès se conclut par l'exécution de dix personnes, pendues pour des crimes qu'elles n'avaient probablement jamais commis. Le destin des sorcières de Pendle demeure un exemple glaçant de la manière dont la peur et la superstition peuvent échapper à tout contrôle et déchirer des communautés entières.

Mais l'histoire ne s'arrête pas là. Pendle Hill reste enveloppée de mystère, attirant chasseurs de fantômes et visiteurs curieux. Beaucoup affirment ressentir une présence inquiétante ou entendre les murmures de ceux qui furent injustement condamnés.

L'héritage de ces procès subsiste encore aujourd'hui, comme un avertissement : une réflexion sobre sur les dangers de la stigmatisation et sur le pouvoir destructeur de la peur.

LA CHAMBRE D'AMBRE : UN TRÉSOR PERDU DANS LE TEMPS

Imaginez une pièce si somptueuse qu'elle brillait comme de l'or, ornée de panneaux d'ambre, de moulures dorées et de miroirs reflétant une lueur éblouissante. C'était la chambre d'ambre, souvent appelée la « huitième merveille du monde ». Créée en 1701, ce chef-d'œuvre fut offert par le roi de Prusse Frédéric-Guillaume Ier à Pierre le Grand de Russie, symbole d'amitié entre leurs nations.

Installée au palais Catherine, près de Saint-Pétersbourg, la chambre d'ambre émerveilla les visiteurs pendant plus de deux siècles. Mais son histoire prit un tournant tragique durant la Seconde Guerre mondiale. En 1941, les forces nazies envahirent l'Union soviétique et pillèrent la chambre. Malgré les tentatives de la dissimuler, le trésor fut démonté puis

transporté au château de Königsberg, en Allemagne. C'est là qu'il disparut.

À la fin de la guerre, alors que les Alliés approchaient, la chambre d'ambre s'évanouit sans laisser de trace. Fut-elle détruite lors des bombardements alliés ? Cachée dans un bunker secret ? Ou emportée en secret par des officiers nazis ? Aujourd'hui encore, son destin demeure l'une des plus grandes énigmes non résolues de la guerre.

Au fil des années, chasseurs de trésors, historiens et passionnés ont sillonné l'Europe à la recherche de la chambre disparue, alimentés par des rumeurs et de prétendus témoignages. En 2003, la Russie présenta une reconstitution minutieuse de la chambre, mais l'originale reste introuvable.

La disparition de la chambre d'ambre continue de captiver les imaginations, mêlant histoire, art et intrigue dans un récit aussi lumineux que l'ambre lui-même. Qu'elle repose sous un château oublié ou au fond de la mer Baltique, la légende de la chambre d'ambre brille toujours dans les annales du mystère.

LA FORTUNE DISPARUE DE FORREST FENN

En 2010, l'excentrique marchand d'art Forrest Fenn lança une chasse au trésor pas comme les autres. Il affirma avoir caché un coffre rempli de pièces d'or, de bijoux et de richesses diverses, d'une valeur de plus de deux millions de dollars, quelque part dans les montagnes Rocheuses. Son unique indice ? Un poème énigmatique de 24 vers, publié dans ses mémoires *The Thrill of the Chase*.

La chasse attisa l'imagination du monde entier. Aventuriers du week-end, détectives amateurs et chercheurs de trésors à plein temps se penchèrent sur le poème de Fenn, tentant d'en décoder le sens. Fenn encourageait la quête, affirmant que le trésor était bien là, attendant l'esprit le plus affûté — ou le plus audacieux — pour être découvert.

Mais l'aventure ne fut pas sans drame. Pendant plus

d'une décennie, des milliers de personnes parcoururent les Rocheuses, parfois au péril de leur vie. Tragiquement, cinq chasseurs de trésor perdirent la leur, suscitant un vif débat sur l'éthique d'un tel défi. Des critiques réclamèrent que Fenn révèle l'emplacement du coffre pour éviter d'autres tragédies, mais il refusa, affirmant que la quête était une épreuve d'ingéniosité et de détermination.

Enfin, en juin 2020, Fenn annonça que le trésor avait été trouvé. Un homme originaire du Michigan aurait réussi à résoudre l'énigme et découvert le coffre. Pourtant, ni Fenn ni le découvreur ne révélèrent l'endroit exact ni les détails, alimentant spéculations et théories du complot. Certains doutaient même de l'existence du trésor, d'autres pensaient qu'il avait été récupéré des années plus tôt.

Forrest Fenn s'éteignit quelques mois plus tard, emportant avec lui la véritable histoire de son mystérieux trésor. Était-ce une énigme grandiose récompensant les plus téméraires, ou bien une habile mystification destinée à inspirer l'émerveillement ? Le mystère du trésor de Fenn demeure aussi fascinant que la quête elle-même.

LE MYSTÈRE DE L'HOMME DE SOMERTON

En décembre 1948, un homme non identifié fut retrouvé mort sur la plage de Somerton, près d'Adélaïde, en Australie. Vêtu d'un costume élégant et de chaussures impeccablement cirées, il gisait appuyé contre une digue, sans trace apparente de violence. Les autorités furent déconcertées par l'absence totale de papiers d'identité ou d'effets personnels : ni portefeuille, ni pièces d'identité, pas même une étiquette sur ses vêtements.

L'affaire prit une tournure encore plus étrange lorsqu'un minuscule bout de papier portant les mots « *Tamam Shud* » fut découvert dans une poche secrète de son pantalon. L'expression, qui signifie « *terminé* » ou « *fini* » en persan, provenait d'une édition rare du *Rubáiyát* d'Omar Khayyám. Les enquêteurs retrouvèrent finalement un exemplaire

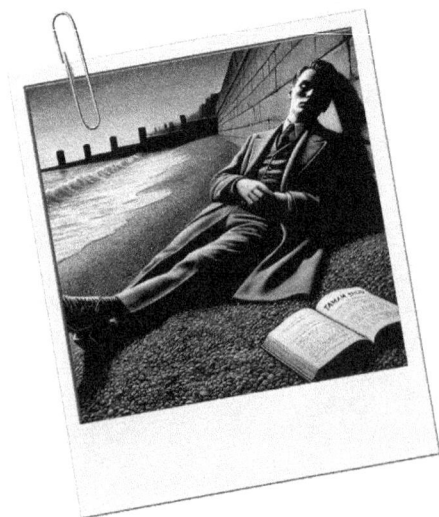

du livre dans la voiture d'un inconnu. À l'intérieur se trouvaient un numéro de téléphone incomplet et un code énigmatique, jamais entièrement déchiffré.

Le numéro de téléphone mena à une infirmière locale, qui nia avoir connu l'homme, mais manifesta un trouble évident en voyant un moulage de son visage. Sa possible implication reste un sujet de spéculation, tout comme la signification du mystérieux message codé.

Au fil des décennies, les théories se sont multipliées : espionnage lié à la guerre froide, histoire d'amour tragique ou encore suicide poétique en écho aux thèmes du *Rubáiyát*. En 2021, une analyse ADN réalisée à partir d'échantillons capillaires mena à une identification probable : Carl « Charles » Webb, un ingénieur électricien originaire de Melbourne. Pourtant, même avec cette piste, de nombreuses questions demeurent. Que faisait Webb à Adélaïde ? Qui devait-il rencontrer ? Et que signifiait réellement ce code ?

L'affaire de l'homme de Somerton reste l'une des énigmes les plus fascinantes d'Australie, un mystère qui continue de défier enquêteurs et passionnés, soixante-quinze ans après sa découverte.

L'HÉRITAGE HANTÉ DU PIANISTE SILENCIEUX

Au début des années 1900, un pianiste nommé Dorian Green captivait les foules en Europe par ses interprétations d'une beauté envoûtante. Doté d'un talent quasi surnaturel, il avait cependant une particularité étrange : jamais il ne prononçait un mot, ni sur scène, ni en dehors. Les spectateurs murmuraient à propos de ce virtuose muet dont les doigts semblaient possédés, effleurant les touches avec une précision irréelle.

Sa renommée s'accompagnait toutefois de rumeurs inquiétantes. Après ses concerts dans certaines petites villes, d'étranges malheurs survenaient. Dans un village, les récoltes dépérirent sans raison apparente ; dans un autre, une rue entière fut ravagée par un incendie inexpliqué. Bientôt, on accusa Dorian de porter une malédiction, sa musique étant à la fois un

don et un funeste présage.

Le mystère s'épaissit lorsqu'en 1913, Dorian disparut soudainement après un concert à Vienne. Pas d'adieu, pas de trace — seulement son piano, abandonné dans la salle de spectacle. Les autorités enquêtèrent, mais jamais on ne le revit.

Des décennies plus tard, son piano réapparut dans une collection privée. Ceux qui osèrent en jouer affirmèrent entendre des murmures dans le silence entre les notes. Un pianiste jura avoir aperçu une silhouette sombre dans un miroir voisin. D'autres racontèrent que les touches bougeaient d'elles-mêmes, comme animées par des mains invisibles.

Les historiens tentèrent de reconstituer la vie de Dorian Green, mais ses origines demeurent obscures. Était-il un prodige qui cultivait le mystère ou quelque chose de plus inquiétant ? Son histoire reste aussi énigmatique que sa musique, laissant derrière elle un héritage hanté, fait de chuchotements et de mélodies fantomatiques.

L'étrange destin de Dorian Green nous rappelle que même l'art le plus sublime peut porter son ombre — un mystère persistant, longtemps après que la musique s'est tue.

BERMEJA : L'ÎLE QUI A DISPARU

D ans le golfe du Mexique, les cartes du XVIe siècle mentionnaient une curieuse petite île appelée Bermeja. Décrite comme une terre rougeâtre, elle figurait pendant des siècles sur de nombreux relevés nautiques. Mais voici ce qui intrigue : au XXe siècle, Bermeja semblait avoir totalement disparu.

Dans les années 1990, les autorités mexicaines entreprirent des recherches intensives pour la retrouver. L'enjeu était de taille : l'existence de l'île permettait d'étendre la zone économique exclusive du Mexique, riche en pétrole et en gaz. Pourtant, malgré l'utilisation de technologies modernes, de relevés aériens et d'expéditions maritimes, aucune trace de Bermeja ne fut retrouvée.

Alors, qu'est-il arrivé ? Certains pensent que Bermeja n'a jamais existé, qu'il s'agissait simplement d'une erreur cartographique répétée de génération en génération. D'autres avancent l'hypothèse qu'elle aurait sombré à cause d'un tremblement de terre ou de la montée des eaux. Puis viennent les théories plus sombres : pour certains, l'île aurait été volontairement détruite, peut-être bombardée par une puissance étrangère ou effacée des cartes pour empêcher le Mexique de revendiquer son territoire pétrolifère.

Même les satellites modernes n'ont rien révélé : à l'endroit où Bermeja devrait se trouver, il n'y a que de l'eau à perte de vue.

Le mystère de Bermeja demeure entier. Était-ce une illusion de cartographes, une victime de la nature, ou bien le fruit d'une conspiration ? Quoi qu'il en soit, l'histoire de cette île disparue rappelle à quel point les cartes, tout comme les légendes, peuvent façonner notre perception du monde — même lorsqu'elles ne mènent nulle part.

LA MALÉDICTION DU "CRYING BOY" : UNE HISTOIRE HANTÉE

À la fin du XXe siècle, un tableau étrange fit son apparition dans de nombreux foyers britanniques : le portrait d'un jeune garçon en larmes. Connue sous le nom de *The Crying Boy*, cette œuvre devint un best-seller inattendu. Mais ce qui semblait être une simple décoration se transforma rapidement en source d'effroi.

Des récits inquiétants commencèrent à circuler : des maisons auraient mystérieusement pris feu, ne laissant derrière elles que ruines et cendres… à l'exception du tableau, retrouvé intact parmi les décombres. Les pompiers eux-mêmes auraient confirmé avoir découvert, à plusieurs reprises, ces portraits indemnes au milieu des flammes, alimentant la rumeur d'une malédiction.

Les légendes urbaines donnèrent naissance à des histoires encore plus sinistres. L'une racontait que le garçon représenté était un orphelin dont la vie tragique avait imprégné le tableau d'une énergie maudite. Une autre affirmait que l'artiste avait conclu un pacte avec le diable, condamnant quiconque accrocherait l'œuvre à subir le malheur.

En 1985, un tabloïd britannique enflamma littéralement la rumeur avec des articles sensationnalistes sur "la malédiction du Crying Boy". Des lecteurs écrivirent pour témoigner de leurs propres malheurs liés au tableau, et des milliers de personnes se débarrassèrent de leur exemplaire, allant parfois jusqu'à organiser des autodafés collectifs pour conjurer le sort.

Les sceptiques, eux, avancèrent une explication rationnelle : les reproductions auraient été imprimées sur des matériaux ignifugés, expliquant leur résistance aux incendies. Mais la légende, elle, survécut.

Aujourd'hui, *The Crying Boy* est devenu un objet de collection, recherché autant pour son aura mystérieuse que pour son histoire troublante. Qu'on y croie ou non, son héritage reste aussi inquiétant que le visage baigné de larmes qu'il représente. Et si vous osiez l'accrocher chez vous ? Peut-être vaudrait-il mieux garder un extincteur à portée de main… au cas où.

LES TÊTES RÉDUITES : ENTRE MYSTÈRE ET RÉALITÉ

Au cœur de la forêt amazonienne, une tradition macabre a longtemps fasciné l'imaginaire occidental : la fabrication des têtes réduites, ou *tsantsas*. Pratiqué par les peuples Shuar et Achuar d'Équateur et du Pérou, ce rituel avait une profonde dimension spirituelle. Les tsantsas étaient considérées comme des objets de pouvoir, symboles de victoire au combat et réceptacles d'esprits.

Le processus était aussi complexe que troublant. Après avoir prélevé la tête d'un ennemi, les guerriers retiraient le crâne, puis faisaient bouillir et rétrécir la peau. Des pierres et du sable chauffés servaient ensuite à lui redonner forme et à conserver son aspect humain. Les yeux et les lèvres étaient cousus afin d'emprisonner l'âme du défunt, l'empêchant de se

venger.

Mais l'arrivée des explorateurs occidentaux au XIXᵉ siècle transforma cette pratique rituelle en un commerce lucratif. Fascinés par ces reliques étranges, les collectionneurs proposaient armes, outils ou argent pour en acquérir. Cette demande provoqua un marché parallèle où circulaient de nombreuses contrefaçons : têtes fabriquées à partir de peaux animales ou même de cadavres volés dans des morgues.

Au milieu du XXᵉ siècle, des lois internationales mirent fin à ce trafic. Pourtant, la fascination pour les tsantsas perdure. Les véritables exemplaires se trouvent aujourd'hui dans des musées, où ils suscitent des débats éthiques sur la préservation culturelle et la légitimité de leur exposition.

Pour les Shuar et les Achuar, la tsantsa n'a jamais été une curiosité morbide mais un objet sacré, porteur de sens. Aujourd'hui, ils cherchent à rétablir cette vérité, rappelant que derrière chaque tête réduite se cache bien plus qu'un mythe : une tradition complexe, souvent mal comprise et trop vite sensationnalisée.

LE FANTÔME DANS LA MACHINE : L'ÉNIGME D'ELIZA

Au milieu des années 1960, un thérapeute pas comme les autres fit son apparition. Il ne s'agissait pas d'un humain, mais d'un programme informatique baptisé ELIZA. Conçu par Joseph Weizenbaum, chercheur au MIT, ELIZA avait pour but de simuler une conversation à travers de simples échanges textuels. Ce qui n'était au départ qu'une expérience technique allait rapidement prendre une dimension troublante.

ELIZA imitait un psychothérapeute rogérien, reformulant les propos de l'utilisateur sous forme de questions. Si vous écriviez : « Je me sens triste », ELIZA répondait : « Pourquoi vous sentez-vous triste ? » En apparence rudimentaire, le système parvenait pourtant à instaurer un dialogue où beaucoup se laissèrent prendre au jeu.

Et c'est là que l'étrangeté surgit : de nombreux utilisateurs établirent un lien émotionnel fort avec le programme, allant jusqu'à se confier comme à un véritable confident. Même la secrétaire de Weizenbaum demanda à passer du temps seule avec ELIZA pour lui parler de ses problèmes. Le chercheur en fut bouleversé : pour lui, cette réaction démontrait notre propension à projeter des émotions sur des machines.

Mais ELIZA n'était-elle qu'un habile miroir, ou révélait-elle quelque chose de plus profond sur notre esprit humain ? Psychologues et philosophes se mirent à débattre : une relation véritable pouvait-elle naître entre un être humain et une intelligence artificielle ?

Aujourd'hui, l'héritage d'ELIZA se retrouve dans les chatbots, les assistants numériques et même les applications de thérapie. Bien que ces technologies soient infiniment plus sophistiquées, l'ombre d'ELIZA demeure — preuve de notre désir irrépressible de créer des liens, même avec ce qui n'est pas humain.

L'histoire d'ELIZA soulève une question troublante : jusqu'où sommes-nous prêts à partager notre humanité avec des machines ? Et jusqu'à quel point sauront-elles vraiment nous comprendre ?

L'OR DISPARU DE VICTORIO PEAK

E n 1937, Doc Noss, un aventurier aussi charmeur qu'excentrique, tomba par hasard sur une grotte dans le Victorio Peak, au Nouveau-Mexique. En s'enfonçant dans ses profondeurs, il affirma avoir découvert un véritable trésor : des milliers de lingots d'or. Une fortune potentiellement évaluée à plusieurs milliards de dollars actuels—un conte de fées… si ce n'était pour la suite des événements.

Déterminé à mettre la main sur sa découverte, Doc fit dynamiter l'entrée afin de l'élargir. Mais au lieu d'ouvrir le passage, l'explosion scella l'accès derrière des tonnes de roches. Pendant des années, il tenta en vain de récupérer l'or. Ses récits éveillèrent la curiosité, mais beaucoup le prirent pour un imposteur. Puis, en 1949, il fut mystérieusement assassiné, emportant

dans sa tombe tous les secrets de l'emplacement exact du trésor.

L'histoire prit un nouveau tournant lorsque l'armée américaine entra en scène. Dans les années 1950, la zone de Victorio Peak fut intégrée à un terrain d'essai militaire. Des rumeurs circulèrent selon lesquelles des soldats auraient découvert l'or au cours d'exercices. Le gouvernement, cependant, nia catégoriquement toute trouvaille.

Au fil des décennies, de nombreux chasseurs de trésors, dont Ova, la veuve de Doc, sollicitèrent l'autorisation de fouiller le site. Aucun ne parvint à prouver l'existence du fabuleux butin. Les spéculations allèrent bon train : l'armée aurait-elle secrètement récupéré les lingots ? Ou bien le trésor n'a-t-il jamais existé ?

Aujourd'hui, Victorio Peak demeure une énigme du désert. Entre la promesse d'une richesse inimaginable, les zones militaires interdites et les théories du complot, le mythe continue d'alimenter les rêves. Peut-être que l'or est encore là, tapi dans l'ombre de l'histoire, attendant celui ou celle qui saura enfin le revendiquer.

LA SOCIÉTÉ SECRÈTE DU BOHEMIAN GROVE

A u cœur des forêts de séquoias géants de Californie se cache l'un des rassemblements les plus secrets et exclusifs au monde : le Bohemian Grove. Chaque été, ce domaine de 1 100 hectares devient le terrain de jeu des puissants et des influents—présidents américains, grands dirigeants d'affaires et artistes renommés s'y retrouvent à l'abri des regards.

Fondé en 1872 par un groupe de journalistes de San Francisco, le Bohemian Club visait à l'origine à favoriser la camaraderie entre esprits créatifs. Mais, au fil du temps, ses rangs se sont élargis pour inclure l'élite économique et politique, transformant le Grove en un véritable carrefour du pouvoir.

Et voici où les choses deviennent troublantes. Le rassemblement annuel de deux semaines débute par une cérémonie étrange appelée la *Cremation of Care*. Les membres, vêtus de longues robes, se rassemblent autour d'une immense statue de hibou pour "brûler symboliquement" leurs soucis terrestres. Pour certains, ce rituel relève d'un théâtre inoffensif ; pour d'autres, il évoque des pratiques occultes inquiétantes.

Le secret entourant le Bohemian Grove nourrit toutes sortes de rumeurs. On raconte que des décisions politiques majeures y auraient été prises, tandis que d'autres évoquent des intrigues et des rituels mystérieux. En 2000, un journaliste parvint à s'infiltrer et à filmer la *Cremation of Care*, attisant encore davantage les théories du complot et la fascination du public.

Que se passe-t-il réellement au Bohemian Grove ? Les membres restent muets, fidèles à la devise du club : *"Weaving spiders come not here"* — un avertissement à laisser les affaires à l'extérieur. Qu'il s'agisse d'un simple refuge pour l'élite ou de quelque chose de plus obscur, le mystère persiste.

Une chose est sûre : dans l'ombre des séquoias millénaires, les esprits les plus influents de la planète trouvent un sanctuaire aussi énigmatique qu'intrigant.

LES COSMONAUTES PERDUS : HÉROS SILENCIEUX DE L'ESPACE

Lorsque l'Union soviétique lança Youri Gagarine en orbite en 1961, il devint officiellement le premier homme à voyager dans l'espace. Mais certaines rumeurs persistent : et si d'autres cosmonautes avaient tenté l'aventure avant lui—et n'étaient jamais revenus ? Depuis des décennies, la légende des *cosmonautes perdus* alimente théories et spéculations.

Selon ces récits, dès la fin des années 1950, l'URSS aurait envoyé des missions secrètes, effacées des archives après des échecs tragiques. Les cosmonautes auraient péri dans le vide spatial ou brûlé lors de la rentrée atmosphérique. Dans un contexte de Guerre froide, les Soviétiques auraient préféré dissimuler ces drames afin de préserver leur prestige international.

L'un des éléments les plus troublants provient de deux opérateurs radio italiens amateurs, les frères Judica-Cordiglia. En 1960, ils affirment avoir intercepté une transmission terrifiante : la voix d'une femme, en russe, répétant « J'ai chaud... j'ai chaud... je vois une flamme... ». Selon eux, il s'agissait d'une cosmonaute en détresse, prisonnière d'une mission vouée à l'échec. Était-ce une preuve accablante, ou simplement une manipulation en pleine guerre idéologique ?

Les sceptiques rappellent qu'aucune preuve tangible n'a jamais été produite. Des figures de la NASA, comme Chris Kraft, ont qualifié l'hypothèse d'impossible. Pourtant, le secret qui entourait le programme spatial soviétique entretient le doute : certaines vérités auraient-elles été volontairement effacées ?

Qu'ils soient réels ou imaginaires, les cosmonautes perdus incarnent les risques immenses que les pionniers de l'espace ont acceptés pour repousser les limites de l'humanité. Peut-être y a-t-il, au-dessus de nous, des héros oubliés dérivant dans le silence éternel. La vérité, elle, demeure hors de portée—comme les étoiles qu'ils ont voulu atteindre.

LA BÊTE DU GÉVAUDAN : LE RÈGNE D'UN PRÉDATEUR

Dans les montagnes reculées du sud de la France, au XVIIIe siècle, une créature terrifiante plongea toute une région dans la terreur. Entre 1764 et 1767, la *Bête du Gévaudan* aurait attaqué plus d'une centaine de villageois, en tuant de nombreux et laissant derrière elle une population pétrifiée par la peur.

Décrite comme ressemblant à un loup mais bien plus imposante, la bête aurait eu un pelage rougeâtre, une bande noire sur le dos et des mâchoires d'une puissance hors du commun. Les témoins affirmaient qu'il ne s'agissait pas d'un loup ordinaire. Les attaques étaient atroces : plusieurs victimes furent retrouvées déchiquetées, parfois décapitées, alimentant l'idée d'un monstre.

L'affaire prit une telle ampleur qu'elle parvint jusqu'à la cour du roi Louis XV.

Celui-ci envoya des chasseurs réputés pour abattre la créature. Malgré plusieurs battues, les meurtres continuèrent. Un gigantesque loup fut finalement tué, mais les attaques reprirent aussitôt, laissant planer le doute sur l'existence de plusieurs bêtes.

En 1767, un tournant décisif survint : Jean Chastel, un chasseur local, abattit une créature que l'on identifia comme *la* Bête du Gévaudan. Selon la légende, il aurait utilisé des balles en argent, détail qui renforça l'aura surnaturelle de l'histoire. Après sa mort, les attaques cessèrent brusquement—mais le mystère, lui, demeura.

Était-ce un loup solitaire hors norme, un animal exotique échappé d'une ménagerie, ou même une bête dressée et lâchée par des mains humaines ? Les théories modernes oscillent entre mutation génétique, présence d'un lion importé, ou machinations humaines.

Aujourd'hui encore, la Bête du Gévaudan incarne l'un des plus grands mystères de l'histoire française—un mélange troublant de faits réels et de folklore. Monstre de chair et de sang ou incarnation des peurs collectives, son ombre continue de hanter les collines du Gévaudan.

LE MYSTÈRE DE KECKSBURG : L'INCIDENT DE L'ÉTOILE D'ARGENT

L e 9 décembre 1965, un objet flamboyant traversa le ciel nocturne au-dessus de six États américains et du Canada. Décrit comme une boule de feu à l'éclat métallique, il s'écrasa près du petit village de Kecksburg, en Pennsylvanie. Ce qui suivit allait nourrir l'un des plus grands mystères ufologiques du XXe siècle.

Des habitants accoururent et racontèrent avoir aperçu, à demi enfoui dans la forêt, un engin en forme de cloche, recouvert d'étranges symboles indéchiffrables. Très vite, des militaires arrivèrent, bouclèrent la zone et auraient emporté l'objet sous une lourde bâche. Les témoins affirment avoir été réduits au silence, priés d'oublier ce qu'ils avaient vu.

Officiellement, la NASA déclara plus

tard qu'il s'agissait du satellite soviétique *Cosmos 96*, retombé dans l'atmosphère. Mais cette version fut vite contredite : le satellite s'était désintégré des heures plus tôt, bien loin de la Pennsylvanie. Les hypothèses se multiplièrent : météorite, expérience militaire secrète… ou vaisseau extraterrestre.

L'affaire gagna rapidement le surnom de « Roswell de Pennsylvanie ». En 2009, les dossiers de la NASA liés à l'incident disparurent mystérieusement, alimentant encore la légende. Aujourd'hui, Kecksburg entretient fièrement son aura de mystère avec un festival annuel consacré aux OVNI, où trône une réplique de l'étrange engin.

Était-ce un débris spatial, une arme secrète ou un visiteur venu d'ailleurs ? Plus d'un demi-siècle plus tard, l'incident de Kecksburg demeure une énigme captivante, rappelant que parfois, même les étoiles semblent tomber avec des secrets.

LA MALÉDICTION DU BLACK ORLOV : LE DIAMANT AUX TÉNÈBRES ÉTERNELLES

L e Black Orlov, un diamant envoûtant de 67,5 carats, est réputé porter une malédiction aussi sombre que sa teinte enfumée. La légende raconte que la pierre aurait été autrefois l'œil d'une idole hindoue sacrée en Inde, volé par un moine dont l'acte de profanation aurait condamné le diamant — ainsi que quiconque le posséderait — à un funeste destin.

Après ce vol, le malheur sembla hanter le Black Orlov. Au XXe siècle, il refit surface en Russie, où il appartint à la princesse Nadia Vyegin-Orlov, dont il porte aujourd'hui le nom. On raconte que cette dernière, ainsi qu'un autre propriétaire, mirent fin à leurs jours en se jetant dans le vide, attisant les rumeurs d'un lien sinistre avec la gemme.

Pour briser la malédiction, le diamant aurait été taillé en trois morceaux, chacun censé dissiper son énergie malveillante. La plus grande de ces parties devint le Black Orlov tel qu'on le connaît aujourd'hui, serti dans un collier de platine orné de 108 diamants plus petits.

Malgré sa réputation lugubre, le Black Orlov a connu une seconde vie flamboyante, apparaissant dans des expositions, des ventes aux enchères et même lors des Oscars. De nos jours, il repose entre des mains privées, bien loin de son lieu de culte originel.

Le véritable pouvoir de sa malédiction demeure un mystère. Était-ce une vengeance ancestrale, une succession de coïncidences, ou bien un récit inventé pour renforcer son aura mystique ? Quoi qu'il en soit, le Black Orlov continue de fasciner et d'inquiéter, rappelant que certains trésors s'accompagnent toujours d'un prix redoutable.

LA BIBLIOTHÈQUE PERDUE DE NINIVE : L'HÉRITAGE D'UN ROI

Imaginez un trésor de savoir si vaste qu'il aurait pu rivaliser avec la légendaire bibliothèque d'Alexandrie. Tel était le destin de la bibliothèque d'Assurbanipal, la grandiose collection du roi assyrien qui régnait depuis la capitale de Ninive au VIIe siècle avant notre ère. Assurbanipal n'était pas un souverain ordinaire : fier de sa maîtrise de l'écriture — une rareté pour un roi de son temps — il ambitionnait de rassembler tout le savoir du monde antique.

La bibliothèque abritait des milliers de tablettes d'argile gravées en cunéiforme, traitant de sujets aussi variés que l'astronomie, les mathématiques, la médecine et la mythologie. On y retrouvait même l'Épopée de Gilgamesh, la plus ancienne œuvre littéraire connue au monde. L'ambition

d'Assurbanipal ne se limitait pas à préserver le savoir : il voulait dominer le domaine intellectuel de son époque.

Mais en 612 avant notre ère, lorsque Ninive tomba sous les assauts des envahisseurs, la bibliothèque disparut sous des couches de gravats et de poussière. Pendant des siècles, son existence fut oubliée, jusqu'à ce que l'archéologue britannique Austen Henry Layard la redécouvre au milieu du XIXe siècle, lors de fouilles en Mésopotamie.

Et voici où le mystère s'épaissit : malgré cette redécouverte, le contenu complet de la bibliothèque reste inconnu. Des milliers de tablettes n'ont pas encore été déchiffrées, et d'autres ne survivent qu'à l'état de fragments. Les chercheurs continuent patiemment de les reconstituer, dévoilant peu à peu les secrets de la vie et de la pensée mésopotamiennes.

Ce qu'il reste de la bibliothèque d'Assurbanipal demeure un rappel saisissant de la fragilité du savoir humain. Sa destruction était-elle inévitable, ou annonçait-elle le prix que les civilisations paient lorsqu'elles négligent leur héritage ? Dans les ruines de Ninive sommeille une leçon éternelle : celle d'une sagesse acquise… puis perdue.

L'HYPOTHÈSE DU TEMPS FANTÔME : UNE FAILLE DANS L'HISTOIRE

E t si nous n'étions pas en 2025… mais en réalité plus près de 1728 ? C'est ce que propose l'hypothèse du temps fantôme, l'une des idées les plus fascinantes et controversées de l'étude historique. Avancée dans les années 1990 par l'historien allemand Heribert Illig, elle suggère que près de trois siècles du haut Moyen Âge — de 614 à 911 de notre ère — auraient été purement et simplement inventés.

L'affirmation d'Illig est aussi audacieuse que déroutante : l'empereur du Saint-Empire romain germanique Otton III, le pape Sylvestre II et l'empereur byzantin Constantin VII auraient conspiré afin de manipuler le calendrier. Leur but ? Faire coïncider le règne d'Otton III avec l'an symbolique 1000.

Selon Illig, ce vaste complot aurait impliqué la falsification des archives, l'invention d'événements entiers, et même la création de figures emblématiques comme Charlemagne.

L'hypothèse s'appuie sur plusieurs arguments troublants. Illig évoquait par exemple des incohérences dans l'architecture médiévale, une relative rareté de vestiges archéologiques pour cette période, ou encore les anomalies relevées lors de la réforme du calendrier grégorien en 1582. Ce dernier, censé corriger les décalages liés aux années bissextiles, ne s'alignerait pas parfaitement avec les observations astronomiques réelles — indice, selon lui, d'une erreur dans notre chronologie.

Les historiens traditionnels rejettent fermement cette théorie, rappelant l'existence de documents fiables, d'événements astronomiques datés avec précision, et de témoignages concordants venus de cultures contemporaines. Mais l'hypothèse du temps fantôme, bien que marginale, nous pousse à réfléchir à la manière dont nous mesurons le temps et construisons le récit de notre passé.

Était-ce une mystification savamment élaborée ou simplement un mirage intellectuel ? Quoi qu'il en soit, l'hypothèse du temps fantôme illustre la fascination éternelle qu'exercent les failles possibles de l'histoire… et notre besoin d'interroger les certitudes que nous tenons pour acquises.

LE TRÉSOR DU ROULEAU DE CUIVRE : UN MYSTÈRE ENFOUI

Imaginez tomber sur une carte au trésor antique — mais au lieu d'un « X » marquant l'endroit, il s'agit d'un parchemin énigmatique gravé… non pas sur du papier, mais sur du cuivre. C'est exactement ce que des chercheurs ont découvert en 1952 parmi les manuscrits de la mer Morte : le mystérieux rouleau de cuivre.

Contrairement aux autres rouleaux en parchemin ou en papyrus, celui-ci se distingue par son contenu. Il dresse une liste de 64 cachettes censées renfermer d'immenses trésors d'or, d'argent et d'autres richesses. Les descriptions évoquent des tonnes de métaux précieux — de quoi faire pâlir d'envie les plus puissants rois de l'Antiquité.

Daté du Ier siècle de notre ère, le rouleau est rédigé dans un mélange singulier d'hébreu et d'araméen. Les spécialistes pensent qu'il aurait été créé à l'époque du Second Temple, peut-être par des prêtres juifs cherchant à dissimuler les trésors du sanctuaire face à l'avancée romaine.

Mais voici le problème : aucun de ces trésors n'a jamais été retrouvé. Les indications du rouleau sont désespérément vagues. Des formules comme « sous la troisième marche » ou « dans la cavité de l'Ancienne Maison de Garim » intriguent, mais sans repères précis, les chercheurs et chasseurs de trésors restent désemparés depuis des décennies.

Certains estiment que ces richesses furent pillées il y a bien longtemps. D'autres pensent qu'il ne s'agissait peut-être que d'un inventaire symbolique, sans réalité matérielle. Et puis il y a la possibilité la plus enivrante : que le trésor demeure encore caché, attendant celui qui saura déchiffrer ses énigmes.

Qu'il s'agisse de fait ou de mythe, le rouleau de cuivre continue de nourrir les rêves d'aventure et de fortune. Peut-être que l'essentiel n'est pas de trouver l'or… mais de se laisser emporter par l'exaltation de la quête.

LE MYSTÈRE DU MOA : LE GÉANT PERDU DE NOUVELLE-ZÉLANDE

Imaginez apercevoir une créature que l'on croit disparue depuis des siècles. C'est exactement ce qui s'est produit au XXe siècle, lorsque des rumeurs ont circulé sur la réapparition du moa géant, un oiseau incapable de voler que l'on pensait éteint depuis plus de 500 ans.

Le moa, originaire de Nouvelle-Zélande, était un oiseau colossal. Certaines espèces atteignaient jusqu'à 3,5 mètres de haut et pesaient plus de 200 kilos. Pendant des siècles, il a parcouru forêts et plaines sans prédateurs naturels — jusqu'à l'arrivée des Maoris. Ces derniers le chassèrent intensément pour sa chair et utilisèrent ses os massifs et ses plumes pour fabriquer outils et ornements. Dès le XVe siècle, le moa fut déclaré éteint.

Pourtant, en 1993,

des rumeurs de possible observation firent trembler le monde scientifique et cryptozoologique. Des randonneurs dans les forêts reculées de l'île du Sud affirmèrent avoir croisé un grand oiseau à plumes, différent de tout ce qu'ils connaissaient. Des témoignages similaires avaient déjà émergé aux XIXe et XXe siècles, mais jamais aucune preuve concluante ne suivit.

L'idée qu'un petit groupe de moas ait survécu est fascinante, mais controversée. La nature dense et sauvage de la Nouvelle-Zélande pourrait, en théorie, abriter une population cachée. Mais les sceptiques soulignent qu'un oiseau d'une telle taille aurait besoin d'importantes ressources alimentaires et d'un nombre suffisant d'individus pour éviter la consanguinité — conditions peu probables pour sa survie sur le long terme.

Malgré de nombreuses expéditions, aucun moa n'a été retrouvé. Tout ce qui subsiste, ce sont des récits intrigants et quelques photos floues. Était-ce une erreur d'identification, un désir d'y croire, ou bien les moas rôdent-ils encore dans les ombres des forêts néo-zélandaises ?

Pour l'instant, le moa reste une légende — un symbole de la résilience de la nature et un rappel des mystères qui persistent dans le monde sauvage. Alors, lors de votre prochaine randonnée, ouvrez l'œil : on ne sait jamais ce qui peut croiser votre chemin…

LES EMPREINTES DU DIABLE : UNE PISTE MYSTÉRIEUSE

Par une glaciale nuit de février 1855, les habitants du Devon, en Angleterre, se réveillèrent face à un spectacle déroutant. Une ligne continue de traces en forme de sabots s'étendait sur plus de 160 kilomètres, serpentant à travers les champs enneigés, franchissant des rivières et gravissant des murs étonnamment hauts. Le plus troublant ? Ces marques semblaient avoir été laissées par des sabots fendus, ce qui fit aussitôt naître des murmures d'origine surnaturelle.

Les villageois baptisèrent ce phénomène étrange « les empreintes du diable ». Rapidement, la rumeur enfla : le Prince des Ténèbres en personne aurait parcouru la campagne au clair de lune. D'autres avancèrent des hypothèses plus terre-à-terre, évoquant des kangourous égarés — bien que personne

ne puisse expliquer leur présence dans le Devon. Certains allèrent même jusqu'à suggérer des expériences militaires, peut-être un ballon à air chaud traînant quelque chose derrière lui.

Rien, pourtant, ne semblait cohérent. Les empreintes zigzaguaient à travers la campagne, pénétraient dans des meules de foin et paraissaient même traverser des obstacles solides. Était-ce une supercherie ingénieuse, les traces d'un animal inconnu… ou bien quelque chose de plus inquiétant ?

Malgré les nombreuses théories, le mystère demeure. Plus de 150 ans plus tard, les empreintes du diable continuent d'intriguer et d'effrayer, restant l'une des énigmes les plus troublantes de l'époque victorienne.

LA FORTERESSE OUBLIÉE DU CIEL

Au cœur des terres glacées de l'Arctique se dresse une énigme monumentale : la forteresse céleste oubliée du Svalbard. Héritage du monde de la Guerre froide, cet abri isolé n'est pas seulement un lieu de science polaire, mais un sanctuaire potentiellement conçu comme ultime refuge de l'humanité. Connu sous le nom de « Doomsday Vault », il est bien plus qu'un simple trésor de semences.

Creusé dans une montagne de l'archipel du Svalbard en 2008, ce coffre-fort mondial des graines abrite

des échantillons de presque toutes les cultures connues de la planète, scellés dans le pergélisol et protégés par l'acier. Sa mission est claire : garantir la survie de l'humanité face à une catastrophe globale, qu'il s'agisse d'un hiver nucléaire, d'un bouleversement climatique ou de toute apocalypse imaginable.

Mais voici où le mystère s'épaissit : des rumeurs persistantes évoquent l'existence d'un second bunker secret. Contrairement au dépôt de semences, celui-ci abriterait des spécimens biologiques — de l'ADN d'innombrables espèces, humains compris. Les théories abondent : arche destinée au clonage en cas d'extinction massive, ou réservoir caché d'armes biologiques militaires.

Des événements étranges alimentent ces spéculations. En 2017, une hausse inhabituelle des températures arctiques provoqua une inondation mineure à l'entrée du site. Incident technique ? Ou signe plus inquiétant ? Certains visiteurs racontent avoir ressenti de troublantes vibrations dans l'air aux abords du coffre, comme si le lieu lui-même recelait un secret indicible.

Une chose est certaine : le Svalbard symbolise à la fois l'espoir, la résilience et la volonté humaine de perdurer. Pourtant, ses couloirs glacés pourraient renfermer bien plus que des semences : peut-être le plan d'un second commencement.

Cette forteresse du ciel est-elle un monument à la clairvoyance… ou une boîte de Pandore prête à s'ouvrir ? Le silence glacé, pour l'instant, garde ses secrets.

LA VALLÉE SANS TÊTE : LE MYSTÈRE HANTÉ DU CANADA

Au cœur des Territoires du Nord-Ouest du Canada s'étend la vallée de la Nahanni, un paysage grandiose de falaises abruptes, de sources chaudes et de rivières tumultueuses. Mais derrière cette beauté sauvage se cache une énigme glaçante : un lieu si marqué par des disparitions et des récits étranges que les habitants l'appellent la Vallée des hommes sans tête.

La légende commence au début du XXᵉ siècle, lorsque des prospecteurs affluent vers la rivière Nahanni à la recherche d'or. Parmi eux se trouvaient les frères

McLeod, disparus mystérieusement en 1908. Quelques mois plus tard, leurs corps décapités furent retrouvés sur les berges, alimentant les rumeurs d'une malédiction vengeresse. Au fil des décennies, d'autres voyageurs connurent le même

sort — retrouvés sans tête, abandonnés dans la nature hostile.

Les récits surnaturels ne manquent pas. Les Dénés, peuples autochtones de la région, parlent des « Naha », une tribu mythique de guerriers redoutables qui protégeraient la vallée avec une violence implacable. D'autres affirment que le lieu est hanté par des esprits malveillants, ou défendu par des hommes des montagnes farouches gardant des trésors cachés.

Aujourd'hui encore, la vallée attire les explorateurs, séduits par sa beauté intacte. Mais ses dangers sont bien réels : falaises tranchantes, rapides imprévisibles et climat extrême ont coûté la vie à de nombreux imprudents. La Nahanni demeure insaisissable, enveloppée d'une aura de peur et de mystère.

La vallée est-elle maudite, ou bien n'est-elle que l'un des environnements les plus impitoyables de la planète ? Quoi qu'il en soit, la Vallée des hommes sans tête garde farouchement ses secrets — peut-être pour l'éternité.

LES SPHÈRES DE PIERRE DU COSTA RICA : UNE ÉNIGME ANCIENNE

Au cœur de la jungle costaricienne se cache un mystère qui intrigue archéologues, historiens et explorateurs depuis des décennies : des sphères de pierre parfaitement rondes. Ces étranges artefacts, connus sous le nom de « Las Bolas », varient de quelques centimètres à plus de deux mètres et demi de diamètre, certaines pesant plusieurs tonnes. Ce qui les rend si fascinantes, c'est leur forme quasi parfaite, obtenue avec une précision remarquable.

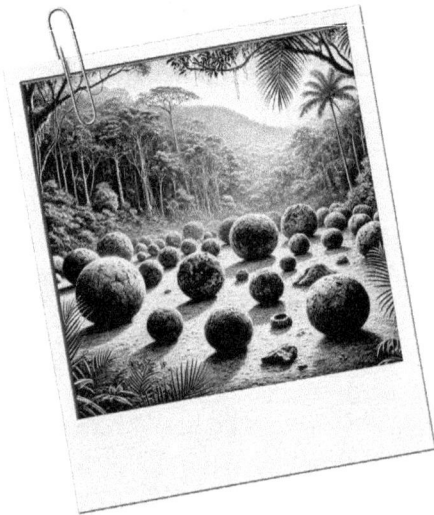

Les sphères furent documentées pour la première fois dans les années 1930, lorsque des ouvriers défrichant des plantations de bananes les découvrirent par hasard. Façonnées dans une roche ignée appelée granodiorite, elles ne sont pas le

fruit d'un phénomène naturel. Elles ont été minutieuse-
ment sculptées, mais le comment et le pourquoi demeurent
une énigme.

Beaucoup pensent qu'elles furent créées par le peuple
Diquís, une civilisation ancienne qui habitait la région
avant la conquête espagnole. N'ayant laissé aucun écrit, les
Diquís ont transmis ces sphères comme seul héritage énigmatique. Étaient-elles des repères de navigation céleste,
des symboles de pouvoir ou encore des représentations du
cosmos ? Nul ne le sait avec certitude.

Avec le temps, des théories plus audacieuses ont
émergé. Certains avancent que les sphères furent façonnées
grâce à une technologie avancée perdue, d'autres évoquent même une implication extraterrestre. Pour ajouter
au mystère, plusieurs sphères furent découvertes en aligne-
ment avec des phénomènes astronomiques ou disposées en
motifs complexes.

Hélas, beaucoup ont été déplacées ou endommagées,
compliquant davantage le travail des chercheurs. Aujourd'hui, elles sont inscrites au patrimoine mondial de
l'UNESCO, témoins de l'ingéniosité et de l'art d'un peuple
ancien—et rappel de tout ce que nous avons encore à apprendre sur notre passé.

Symboles de pouvoir ? Cartes cosmiques ? Messages
aux étoiles ? Les sphères de pierre du Costa Rica nous
défient encore à chercher des réponses.

LE LAC DISPARU DE PATAGONIE : LE TOUR DE MAGIE DE LA NATURE

Dans le sud du Chili, au cœur de la Patagonie et niché dans les étendues sauvages immaculées des Andes, se trouve—ou plutôt se trouvait—un lac qui a dérouté scientifiques et explorateurs. Connu sous le nom de lac Cachet II, ce n'était pas seulement un pittoresque lac glaciaire, mais une véritable énigme.

En mai 2007, habitants et chercheurs furent stupéfaits : le lac Cachet II avait disparu du jour au lendemain. La veille, il s'étendait majestueusement, contenant de quoi remplir 4 000 piscines olympiques. Le lendemain matin, il ne restait qu'un bassin boueux et désolé. Plus qu'un paysage asséché, il laissait derrière lui un mystère.

Quelle force pouvait faire disparaître un lac entier en une

seule nuit ? La réponse se cache sous la surface. Le lac Cachet II repose au-dessus d'un réseau complexe de tunnels creusés dans le glacier Colonia. Dans certaines conditions, ces galeries de glace peuvent drainer toute la masse d'eau en un phénomène spectaculaire connu sous le nom de vidange brutale de lac glaciaire. En quelques heures, l'eau du Cachet II s'est engouffrée dans ces tunnels pour rejoindre la rivière Baker, provoquant une montée soudaine de son niveau en aval.

Fait fascinant : ce n'était pas un événement isolé. Depuis, le lac Cachet II a disparu et réapparu à plusieurs reprises, selon les variations climatiques, la fonte des glaces et les pressions exercées dans le glacier environnant. Ce phénomène transforme le lac en une sorte d'entité vivante, respirant au rythme de la nature.

L'acte de disparition du lac Cachet II nous rappelle à quel point l'équilibre des écosystèmes terrestres est fragile. C'est l'histoire de la puissance et de l'imprévisibilité de la nature, qui continue d'émerveiller scientifiques et aventuriers.

Comment quelque chose d'aussi immense peut-il cesser d'exister—pour réapparaître ensuite ? Le lac fantôme de Patagonie demeure un mystère qui défie notre compréhension du monde naturel.

LA MALÉDICTION DE PÉLÉ : LA COLÈRE D'HAWAÏ

La mythologie hawaïenne regorge de dieux et de déesses, mais aucun n'est aussi flamboyant que Pélé, la déesse des volcans et du feu. Vénérée à la fois comme créatrice et destructrice, Pélé est censée avoir façonné les îles hawaïennes par sa fureur volcanique. Mais au-delà de son œuvre géologique, la déesse est surtout connue pour sa terrible malédiction.

La légende raconte qu'emporter des roches volcaniques, du sable ou tout artefact naturel d'Hawaï comme souvenir attire de graves conséquences. La malédiction de Pélé serait synonyme de malchance, de catastrophes et même de tragédies pour quiconque profane sa terre sacrée. Beaucoup de touristes rejettent cette histoire comme une superstition—jusqu'à ce que les ennuis commencent.

Au fil des années, des milliers de visiteurs repentis ont renvoyé par courrier des pierres, du sable et des coquillages aux parcs nationaux hawaïens, implorant le pardon de Pélé. Certaines lettres racontent une série d'accidents étranges, de ruines financières ou de relations brisées. Les sceptiques invoquent la coïncidence, mais pour beaucoup, c'est bien la colère de la déesse qui frappe ceux qui l'ont offensée.

La malédiction de Pélé est devenue si connue que les autorités des parcs hawaïens gèrent régulièrement des colis de « retour de roches volcaniques ». Des procédures spéciales ont même été mises en place pour cataloguer et replacer ces fragments de nature à leur endroit d'origine.

Aucune preuve scientifique ne vient étayer l'existence de cette malédiction, mais les récits sont suffisamment troublants pour inciter chacun à réfléchir à deux fois avant de glisser un caillou dans sa poche. Que l'on croie ou non à la vengeance de Pélé, une chose est certaine : les îles hawaïennes sont un lieu sacré, puissant, et leur beauté naturelle mérite le plus grand respect.

Alors, la prochaine fois que vous serez tenté d'emporter un souvenir minéral, souvenez-vous : Pélé veille toujours—et elle ne pardonne pas facilement.

LA PILE DE BAGDAD : L'ÉLECTRICITÉ DE L'ANTIQUITÉ RÉVÉLÉE

Imaginez un artefact ressemblant à une pile antique, découvert dans les ruines de Bagdad, en Irak. Surnommée la « pile de Bagdad », cette relique intrigante alimente les débats depuis des décennies. Datant de plus de 2 000 ans, elle se compose d'un pot en argile, d'un cylindre de cuivre et d'une tige de fer. Remplie d'un liquide acide, comme du vinaigre ou du jus de citron, elle est capable de produire une charge électrique.

L'objet est attribué à l'Empire parthe, une civilisation que l'on n'associe généralement pas à une technologie avancée. Cela soulève une question fascinante : à quoi pouvait bien servir une pile antique ? Certains pensent qu'elle servait à l'électrolyse des métaux — c'est-à-dire à recouvrir des objets

d'or ou d'argent grâce à un courant électrique. D'autres suggèrent des usages cérémoniels ou médicinaux, comme l'application de chocs pour soigner certaines maladies, une pratique étonnamment proche de traditions médicales bien plus tardives.

Les sceptiques, eux, estiment que la pile de Bagdad n'était peut-être qu'un simple récipient de stockage. Pourtant, des expériences reproduisant sa conception ont confirmé son potentiel en tant que source primitive d'électricité.

Le mystère s'épaissit encore du fait qu'aucun écrit ne décrit son utilisation, laissant les chercheurs s'appuyer sur des hypothèses. Si elle était réellement une pile, il s'agirait d'un bond extraordinaire dans l'ingénierie antique—une technologie disparue pendant des siècles avant de réapparaître à l'époque moderne.

La pile de Bagdad remet en question nos certitudes sur les civilisations anciennes et leur ingéniosité. Étaient-elles plus proches de percer les secrets de l'électricité que nous ne le pensions ? Ou bien s'agit-il simplement d'un artefact mal interprété, vestige d'une culture oubliée ?

Quoi qu'il en soit, elle reste un témoignage de la curiosité et de l'inventivité humaines, rappelant que l'Histoire n'a pas fini de nous surprendre.

LES LIGNES DE NAZCA :
MYSTÈRES DANS LE DÉSERT

É parpillées sur les plaines arides du sud du Pérou se trouve l'une des plus grandes énigmes archéologiques du monde : les lignes de Nazca. Ces immenses géoglyphes, gravés dans le sol désertique, fascinent et déconcertent scientifiques et aventuriers depuis plus d'un siècle.

Des oiseaux aux ailes déployées sur plusieurs centaines de mètres, des formes géométriques complexes ou encore des figures humanoïdes—les lignes de Nazca sont si vastes qu'on ne peut vraiment les apprécier que vues du ciel. Mais voici le paradoxe : elles ont été créées il y a plus de 1 500 ans, bien avant que l'idée même de voler n'existe. Comment les Nazcas, une civilisation ancienne, ont-ils pu concevoir de telles œuvres monumentales avec une telle précision ?

Certains chercheurs avancent qu'ils utilisaient des outils rudimentaires et des calculs géométriques simples. Mais la question du pourquoi reste entière. S'agissait-il de chemins cérémoniels ? De repères astronomiques ? De messages adressés à leurs dieux ? Ou bien, comme l'affirment les théories les plus audacieuses, de pistes d'atterrissage pour des visiteurs venus d'ailleurs ?

Ce qui rend ces lignes encore plus étonnantes, c'est leur état de conservation. Malgré des siècles d'exposition aux rigueurs du désert, l'absence quasi totale de vent et de pluie dans la région les a préservées, comme si la terre elle-même avait conspiré à garder leur secret.

Ces dernières années, les drones et les images satellites ont révélé encore plus de géoglyphes, dont de nouveaux dessins de serpents et de félins—preuve que bien des découvertes restent à faire. Pourtant, malgré nos technologies modernes, les lignes de Nazca demeurent une énigme envoûtante, alliant ingéniosité humaine et mystère ancestral, et continuent de susciter l'émerveillement des générations.

LES PIERRES QUI PLEURENT
DE LA RIVIÈRE BOUILLANTE

Au cœur de l'Amazonie péruvienne coule une rivière si irréelle qu'elle semble sortie d'une légende : la Shanay-Timpishka, plus connue sous le nom de « rivière bouillante ». Sur près de six kilomètres, ses eaux atteignent des températures avoisinant les 90 °C, assez chaudes pour brûler la chair et engloutir les malheureux animaux qui y tombent.

Son nom signifie « bouillie par la chaleur du soleil », mais la réalité est encore plus énigmatique. Les scientifiques pensaient autrefois que de tels phénomènes géothermiques ne pouvaient exister qu'à proximité d'un volcan. Pourtant, la rivière bouillante se trouve à plusieurs centaines de kilomètres du plus proche. Le mystère n'a été percé que récemment : d'immenses failles souterraines canalisent de l'eau

brûlante depuis les profondeurs de la Terre, donnant naissance à ce prodige géologique caché à ciel ouvert.

Mais la science n'explique pas tout. Pour le peuple Asháninka, la rivière est un lieu sacré. Les légendes racontent qu'elle abrite des guérisseurs spirituels et que les pierres, plongées dans les eaux brûlantes, poussent des cris étranges—des gémissements interprétés comme des avertissements de la Terre elle-même. Ces « pierres qui pleurent » rappellent à l'homme de respecter la puissance de la nature.

La rivière bouillante n'est pas seulement une curiosité : c'est aussi un fragile écosystème. De minuscules organismes se sont adaptés à ses eaux extrêmes, tandis que la forêt tropicale alentour forme un écrin unique pour ce miracle terrestre.

Se tenir sur ses rives, c'est contempler une contradiction vivante : une rivière de mort brûlante qui nourrit pourtant la vie, le mythe et le mystère. La Shanay-Timpishka demeure un rappel saisissant de la beauté sauvage et indomptée des secrets de notre planète.

LA MALÉDICTION DU CHAT QUI PLEURE : L'HÉRITAGE INQUIÉTANT D'UNE STATUE

Au cœur d'un paisible village japonais se dresse une modeste statue de pierre représentant un chat, au visage usé par le temps et à l'expression étrangement mélancolique. Connue localement sous le nom de *Neko Namida*—le Chat qui pleure—elle est entourée d'une légende troublante : quiconque ose la déplacer ou lui manquer de respect attirerait sur lui le malheur.

L'histoire remonte à plusieurs siècles. On raconte qu'un artisan, bouleversé par la mort de son chat bien-aimé, l'aurait sculptée pour lui rendre hommage. L'animal l'avait sauvé d'un incendie, mais avait péri dans les flammes. Lorsque l'œuvre fut achevée, les villageois jurèrent avoir vu la statue verser des larmes. Peu après, ceux qui tentèrent de la déplac-

er furent frappés de calamités : récoltes perdues, incendies mystérieux, maladies inexpliquées. Craignant sa puissance, les habitants élevèrent un petit sanctuaire autour de la statue et commencèrent à y déposer des offrandes.

Mais certains défièrent la légende. En 1963, un riche propriétaire terrien ordonna que la statue soit retirée afin d'agrandir son domaine. Quelques semaines plus tard, sa fortune s'effondra, ses affaires échouèrent et un glissement de terrain ravagea sa demeure. Au milieu des décombres, la statue fut retrouvée intacte et aussitôt replacée par les villageois terrifiés.

Même de nos jours, l'aura du Chat qui pleure demeure. En 2010, un touriste se moqua de la statue en posant devant elle, mimant des pleurs pour une photo. Quelques jours plus tard, son appareil photo se brisa sans explication, et il échappa de peu à un grave accident. Depuis, les autorités locales invitent les visiteurs à respecter le sanctuaire, soulignant son importance culturelle mais aussi l'étrange régularité des événements qui l'entourent.

Le *Neko Namida* reste une énigme : gardien silencieux, messager de malheur, ou simple vestige chargé d'une histoire fascinante. Oserez-vous l'approcher ?

L'ÎLE FANTÔME DE SANDY : UNE ÉNIGME CARTOGRAPHIQUE

Pendant des siècles, marins et explorateurs racontèrent l'existence d'une mystérieuse île appelée Sandy. Située, selon les cartes, entre l'Australie et la Nouvelle-Calédonie, ce minuscule point dans le Pacifique fut mentionné pour la première fois au XVIIIe siècle par le capitaine James Cook. Peu à peu, l'île s'imposa dans le savoir cartographique, apparaissant dans les atlas et les cartes nautiques officielles. Mais voici le rebondissement : l'île de Sandy n'a jamais existé.

En 2012, une équipe de scientifiques australiens à bord du navire de recherche *RV Southern Surveyor* partit en expédition pour étudier cette terre insaisissable. Guidés par les cartes et le GPS, ils atteignirent les coordonnées exactes où Sandy était censée se trouver. À la place de plages ou de falaises, ils découvrirent... rien d'autre que l'océan, profond de 1 400 mètres.

Les chercheurs restèrent stupéfaits. Comment une île pouvait-elle figurer sur les cartes depuis plus de 200 ans sans jamais avoir existé ? Les théories ne tardèrent pas. Certains parlèrent d'une simple erreur cartographique, reproduite encore et encore à mesure que les cartes étaient copiées. D'autres avancèrent l'idée d'un radeau de pierre ponce formé par une éruption volcanique, flottant temporairement avant d'être dispersé par les courants marins.

Après cette expédition, Sandy Island fut officiellement effacée des cartes modernes et des bases de données. Pourtant, le mystère demeure : pourquoi cette île fut-elle si longtemps acceptée comme réelle ? Et comment resta-t-elle incontestée pendant des siècles ?

L'histoire de l'île de Sandy rappelle qu'en dépit des satellites et du GPS, notre planète conserve des zones d'ombre, nourrissant illusions, mythes et mystères. C'est un témoignage du pouvoir des récits humains—et une invitation à toujours questionner les cartes que nous suivons.

LA DISPARITION D'AMELIA EARHART : UN MYSTÈRE DE L'AVIATION

A melia Earhart, pionnière de l'aviation et symbole d'une ambition sans peur, s'est volatilisée le 2 juillet 1937, lors de sa tentative de tour du monde. Son avion disparut au-dessus de l'océan Pacifique, près de l'île Howland, laissant le monde entier se demander : qu'est-il arrivé à Amelia Earhart ?

À bord de son Lockheed Electra, accompagnée de son navigateur Fred Noonan, elle envoya un dernier message radio signalant qu'elle était à court de carburant et incapable de localiser la minuscule île visée. Malgré une opération de recherche sans précédent menée par la marine américaine — mobilisant navires, avions et même des habitants des îles voisines — aucune preuve concluante de son destin ne fut re-

trouvée.

Les théories se sont multipliées. Pour certains, son avion se serait écrasé en mer avant de sombrer dans les profondeurs. D'autres pensent qu'elle aurait atterri sur une île inhabitée, comme Nikumaroro, où des fragments d'avion et une chaussure féminine ont été découverts.

Plus spectaculaires encore sont les hypothèses affirmant qu'elle aurait été capturée par les Japonais comme espionne à la veille de la Seconde Guerre mondiale, ou qu'elle aurait secrètement regagné les États-Unis sous une nouvelle identité.

L'histoire d'Amelia Earhart demeure l'un des plus grands mystères de l'aviation, nourrissant fascination et débats sans fin. Aujourd'hui encore, des expéditions parcourent le Pacifique avec les technologies les plus modernes, mais son sort ultime reste insaisissable.

Sa disparition n'est pas qu'une énigme : c'est le récit de la curiosité humaine et de notre quête obstinée de réponses. Que son repos se trouve au fond de l'océan ou dans une tombe anonyme, l'héritage d'Amelia Earhart, pionnière intrépide et icône de courage, continue de s'élever dans les airs.

LE MYSTÈRE DE LA FLAMME ÉTERNELLE DE CHESTNUT RIDGE

Au cœur des forêts de Chestnut Ridge, en Pennsylvanie, se cache une merveille naturelle qui défie la logique et suscite l'émerveillement. Connue sous le nom de *Flamme Éternelle*, cette petite flamme vacillante brûle dans une grotte rocheuse, alimentée par un dégagement continu de gaz naturel s'échappant des fissures du sol—un phénomène que la science peine à expliquer pleinement.

Nichée derrière une cascade paisible, la flamme éternelle n'est pas la seule au monde née d'une source de gaz naturel. Mais son caractère perpétuel la rend unique. Là où d'autres flammes finissent par s'éteindre sans intervention humaine, ce feu naturel semble se nourrir de lui-même, comme une torche

transmise par la Terre depuis des siècles.

Les légendes entourant son origine abondent. Certains affirment que des Amérindiens l'auraient allumée il y a des siècles, la considérant comme un portail vers le monde des esprits. D'autres y voient un cadeau des dieux, un signal divin de l'énergie vitale de la planète. Les scientifiques, quant à eux, proposent une explication plus rationnelle : le gaz méthane contenu dans le schiste sous-jacent s'échapperait par de fines fissures, créant un flux constant de combustible. Mais voilà le paradoxe : la plupart des suintements de méthane connus ne produisent pas assez de pression pour maintenir une telle flamme.

La flamme éternelle de Chestnut Ridge demeure donc une énigme géologique, fruit d'un équilibre improbable entre le flux de gaz, l'apport en oxygène et une mystérieuse étincelle initiale. Les visiteurs qui entreprennent la randonnée pour la contempler sont souvent fascinés par son aura surnaturelle, symbole lumineux des secrets enfouis de la Terre.

Phénomène scientifique ou manifestation mystique ? La flamme éternelle continue de brûler, captivant l'esprit et l'imagination de tous ceux qui viennent la chercher.

LA LÉGENDE DE L'HOMME QUI VÉCUT DANS UNE BIBLIOTHÈQUE

Au cœur de Lisbonne, au Portugal, un homme nommé Fernando Pessoa mena une existence si intimement liée aux livres qu'elle devint légendaire. Considéré comme l'un des plus grands poètes modernistes, son véritable génie résidait dans le monde qu'il construisit—non pas à travers la fiction, mais par une incroyable capacité à incarner des personnalités entières, dotées de leurs propres styles d'écriture, philosophies et histoires de vie.

Pessoa n'écrivait pas seulement sous des pseudonymes ; il inventait des *hétéronymes*. Ces personnages étaient des identités complètes, avec professions, voix distinctes et même cartes astrologiques. Il y avait Alberto Caeiro, poète pastoral amoureux de la simplicité ; Ricardo Reis, médecin stoïque qui composait des odes raffinées ; et Álvaro de Campos, futuriste flamboyant inspiré de Whitman.

Mais voici le plus étrange : Pessoa affirmait ne pas "créer" ces personnages, mais les *découvrir,* comme s'il canalisait des voix venues d'une autre dimension. Il écrivait souvent comme si ces hétéronymes étaient des personnes bien réelles vivant dans son esprit, dialoguant et se disputant avec lui. Son "famille" littéraire était si vaste que les chercheurs n'ont pas encore réussi à cataloguer l'ensemble de leurs œuvres.

Son appartement, encombré de livres et de manuscrits, était un véritable labyrinthe créatif. À sa mort, en 1935, on découvrit dans sa chambre un coffre en bois contenant plus de 25 000 textes inédits : poèmes, essais, et journaux d'une intensité troublante.

Aujourd'hui, l'héritage de Pessoa ne réside pas seulement dans ses écrits, mais aussi dans la manière mystérieuse dont il a vécu. Était-il un génie littéraire, un homme aux identités multiples, ou quelque chose d'encore plus insaisissable ? Nul ne le sait vraiment. Mais son univers—un monde de mots à l'intérieur des mots—demeure une énigme littéraire, invitant éternellement les lecteurs à s'y perdre.

CONCLUSION

Félicitations ! Vous venez de parcourir **100 Histoires Hallucinantes** et d'explorer l'étrange, le surprenant et l'invraisemblable. Des mystères insolites aux épisodes oubliés de l'Histoire, cette collection a montré à quel point notre monde peut être fascinant et imprévisible.

Mais voici la vérité sur la curiosité : c'est une aventure sans fin. Pour chaque histoire lue, des centaines d'autres attendent encore d'être découvertes. Peut-être que ce livre a éveillé votre imagination ou vous a donné envie d'approfondir un sujet qui vous a marqué. Ou peut-être vous a-t-il simplement rappelé le plaisir d'apprendre quelque chose de nouveau, surtout lorsque cela surgit là où on ne l'attend pas.

Car le monde regorge de récits étonnants, et il n'est pas toujours nécessaire d'avoir une machine à remonter le temps ou une carte ancienne pour les trouver. Parfois, il suffit d'un esprit ouvert et d'une simple question : « *Et si… ?* »

Alors, en refermant ce livre, ne le considérez pas comme une fin, mais comme un point de départ : un fil d'Ariane menant vers d'autres histoires, d'autres merveilles, d'autres mystères, qui n'attendent qu'une personne curieuse comme vous pour être révélés.

D'ici là, restez curieux, restez audacieux, et souvenez-vous : les meilleures histoires sont celles que l'on
partage.

REMERCIEMENTS

La création de **100 Histoires Hallucinantes** a été un tourbillon de curiosité, de caféine et d'émerveillement. Même si mon nom figure sur la couverture, ce livre n'aurait jamais vu le jour sans l'inspiration et le soutien de tant de personnes extraordinaires.

Un immense merci à tous les passionnés d'histoire, conteurs et amateurs de curiosités qui ont partagé, au fil du temps, des récits incroyables. Votre enthousiasme est contagieux, et ce livre est un hommage aux merveilles que vous avez révélées.

À ma famille et mes amis, qui ont supporté mes envolées sur les émeus, les navires fantômes et les mystères antiques : vous méritez une médaille. Votre encouragement (et vos hochements de tête bienveillants) m'a porté à chaque étape.

Un grand clin d'œil à mes lecteurs — vous êtes les véritables héros de cette aventure. Que vous soyez venu chercher un sourire, un frisson ou une anecdote à partager, ce livre est pour vous. Votre curiosité rend l'art de raconter si gratifiant.

Et enfin, merci à l'univers lui-même — d'être aussi merveilleusement étrange. Tu nous offres un monde rempli d'histoires stupéfiantes, et je suis reconnaissant de pouvoir en partager quelques-unes.

À la curiosité, à l'émerveillement, et à toutes les histoires encore à raconter.

À PROPOS DE L'AUTEUR

Felix Grayson est le créateur de la série **100 Histoires Hallucinantes** — une collection en pleine expansion de livres et d'audiolivres rassemblant les récits les plus incroyables, les faits les plus étranges et les moments les plus fascinants du monde. Des civilisations anciennes aux curiosités scientifiques, des exploits sportifs légendaires aux mystères bien réels, Felix réunit les histoires qui vous font dire : « *Attendez… ça s'est vraiment passé ?* »

Animé par une curiosité sans limites et un profond amour du récit, Felix consacre son travail à explorer l'étrange, le surprenant et l'inoubliable. Chaque titre est un voyage soigneusement choisi à travers l'histoire, la science, la culture populaire et bien plus encore — conçu pour émerveiller, divertir et éveiller la curiosité des esprits de tous âges.

Avec un style mêlant clarté, énergie et une pointe d'humour, Felix transforme les faits en aventures inoubliables et les anecdotes en véritables explorations captivantes. Son objectif ? Rendre la connaissance à nouveau amusante — et nous rappeler que la vérité est souvent plus étrange (et bien plus cool) que la fiction.

Lorsqu'il ne cherche pas de nouvelles histoires insolites ou n'imagine pas le prochain titre de la série, Felix aime lire de vieux romans, explorer des musées atypiques et savourer un café tout en méditant sur les mystères du monde.